중정 주역

중정(中正) 한병현(韓炳顯)
 ·서울대학교 약학대학 학사 ·동 대학원 생명약학 석사
 ·미국 아이오와대학교 사회약학 박사 ·한국보건산업진흥원 사업단장 역임
 ·아시아약학연맹(FAPA) 사회약학분과위원장 역임
 ·사회약학연구회 회장 역임 ·대통령자문 의료산업선진화위원회 위원 역임
 ·(現) 유법공동체 대표 ·(現) 압구정 예주약국 대표

〔주요 저서〕
 ·『사회약료와 보건의료체계』(서울대 출판문화원, 2014)
 ·『약국에는 없는 사회약의 모든 것』(이른아침, 2015)
 ·『Therapy of Social Medicine』(Springer, 2015)
 ·『社會藥療』(북경과학기술출판사, 2016)

중정 주역
– 당신도 주역을 꿰뚫을 수 있다

초판 인쇄 / 2019년 4월 25일
초판 발행 / 2019년 4월 30일
지은이 / 한병현
펴낸곳 / 도서출판 말벗
펴낸이 / 박관홍
등록번호 / 제 2011-16호
주소 / 서울 영등포구 문래로4길 4 (204호)
전화 / 02)774-5600
팩스 / 02)720-7500
메일 / mal-but@naver.com
www.malbut.co.kr

중정 주역

– 당신도 주역을 꿰뚫을 수 있다

한병현

말벗

"중정 주역은 육포다"

허민강(서울병원 원장)

우리의 고향은 충청북도 충주다. 여기서 우리란, 나와 필자(중정 한병현 박사)를 의미한다.

필자와 나는 같은 중·고등학교를 다녔고, 특히 고등학생 시절 같은 하숙집 그것도 같은 방에서 고락을 같이 했다. 즉 한 이불을 덮고 잔 사이란 말이다. 그것도 2년씩이나.

더욱이 같은 대학교에 갔다. 또한 같은 이과를 전공하고 같은 기숙사에서 생활을 하였다.

이만하면 부부보다 더하지 아니한가?

그랬는데, 그렇다고 생각했는데, 이대로 쭉 같이 가는구나 했는데, 나이 50이 넘어서고 나서부터는 상황이 달라지기 시작했다.

필자가 외도를 하기 시작한 것이다. 조강지처인 나를 두고.

사실 그가 미국으로 유학 가서 사회약학을 공부한다고 했을 때 알아차렸어야 했다. 귀국 후에 한 박사는 담대하게 문과를 넘보기 시작했다. 소위 문학자, 철학자가 되고자 했다.

그러더니 언젠가 『주역』을 연구한다고 했고 더욱 깊이 파 들어가더니 마침내 그 속에 완전히 빠지고야 말았다.

아니, 그는 어쩌면 문학과 철학, 그리고 주역의 운명을 가지고 태어났는지 모르겠다.

한 박사는 수 년 전, 『사회약료』라는 세계적인 대저서를 만들어냈다. 그것을 접한 나로서는 가히 충격적이었다.

그 새로운 개념, 새로운 패러다임의 세계를 여는 선구

자로서 그 분야에서 우뚝 서 있게 된 것이다.

이상하다.

내가 아는 그는 분명히 약학을 전공한 이학박사(Ph. D)였는데 그 정체(Identity)가 이상하고 낯설다. 언제부터 그가 문학, 형이상학의 대가가 된 것일까?

도저히 나로서는 가늠도 못하는 세계와 개념, 그리고 현상을 그가 명쾌하게 설명하고 갈파하고 있기에 마냥 궁금했다.

그런데 누군가 말했다. 문과와 이과의 최고 경지에까지 공부를 하다보면 같은 곳에서 만난다고….

아, 그랬던 것 같다. 아마도 그는 애초에 이 두 영역의 능력을 가지고 태어난 것 같다. 그래서 이 두 영역을 자유자재로 넘나들다가 그 만나는 다리에서 저리로 넘어간 것이리라. 그렇게 그는 자신만의 길을 무소의 뿔처럼 혼자서 간 것이리라.

그래서 나도 한 번 그 세계를 이해해 보려고(나도 한 때 공부를 좀 했으니까) 무진장 노력을 해보았다.

그러나 허사였다. 나에게는 역시 어려웠다. 그래서 포

기하려던 찰나, 그가 주역의 세계를 비교적 쉽게(?) 써 놓은 이 저서 『중정 주역』을 접하게 되었다.

의외로 풋내기인 나도 그 내용을 어느 정도 이해할 수 있었다. 즉 이 주역의 세계가 너무 어려워서 평소에는 언감생심, 접근하지 못하다가 쉽게 풀이해 놓은, 마치 소싯적의 '표준전과'와 같은 우리 중정의 저서를 만났기에, 조금이나마 그 주역의 세계를 맛볼 수 있었던 것이다.

예컨대, 우리 태극기의 유래가 주역이며 부도전괘(不倒顚卦)로 구성되어 있다든지, 도서관(圖書館)이란 말도 하도낙서(河圖洛書)에서 비롯되었고, 포정해우(庖丁解牛)의 고사에서 관기회통(觀基會通)이 나왔으며, 첨성대의 모습이 방형(方形, 사각형)과 둥근 원형으로 된 것도 주역의 이편지책(二篇之策)을 본받아 구현된 것이라는 등의 설명에서 그저 압도될 수밖에 없었다.

『중정 주역』은 육포다. 즉 곱씹어야 제 맛이 난다.
그러나 그 깊은 의미를 여전히 나로서는 백퍼센트 이

해가 불가능하지만, 어느 정도는 맛을 알 수 있게 되었고, 이제 최소한 대화는 할 수 있지 않는가 하고 감히 생각해 본다.

그러나 여전히 이처럼 위대한 학문을 연구하여 이렇게 책으로까지 엮어내는 나의 친구가 경외로울 뿐이다.

사람이 이 세상에 살면서 나이를 먹고 인생을 뒤돌아보면, 누구나 철학적인 생각을 하게 마련이다. 그래서 나보다는 친구를, 개인 보다는 사회를 걱정하게 되는 것 같다.

즉 인간에게 이타심과 배려심이 쌓이면서 처세 등의 지혜가 생기고 나아가서는 우주론적인 철학에까지도 도달할 수 있다고 본다.

그러나 한편으로는 그것이야말로 인간이 가진 최고의 덕목이 아닌가 한다. 그러면서 사회가 발전해 나가는 것이니까.

그러한 애정이 깔린 이타심과 배려를, 이러한 천지자연의 현상을 다 표현하는 우주론적 철학이 주역일진대, 이 얼마나 위대한 학문인가.

　그래서 오늘 난, 나의 친구가 엮어낸 이 저서를 한번 읽어 보시라고, 그 새로운 세계를 한 번 느껴 보시라고 적극적으로 권유해 드리는 바이다.

　특히 어지러운 작금의 세상에서 한줌 마음의 평화와 만족을 얻어 가시라고, 감히 말씀을 드리는 바이다.

2019년 3월 어느 봄날

서문

선(Zen)의 세계가 불립문자〔신묘막측해서 문자 밖에 있기에 세울 필요도 없고 세우지 않음으로써 진리나 깨달음을 오직 마음으로 전파함, 이심전심〕라면, 과학철학의 세계는 필립문자(반드시 문자를 세움으로써 필연·보편·실재의 콘텐츠나 진리를 전파함, 문중유화 화중유심)다.

진리 추구(VERITAS LUX MEA)의 차원에서, 통찰과 상상이 지배적인 선과 과학철학은 '하나이면서 둘이요, 둘이면서 하나〔一而二, 二而一〕'다.

마침내 『주역』에서 천인합일(天人合一)의 항심(恒心)을 발견함으로써 주역과 사회약료가 항심과 항신으로

연결되고 하나가 되어(心身不二) '드론 조망'의 안목을
가지게 되었다.
　이로써 '좌경천리 입경만리(坐景千里 立景萬里)'도 가
능해졌다. 따라서 다시 노래할 수밖에 없다.

　　坐景千里 立景萬里 文中有畵 畵中有心
　　天紙海墨 一筆揮之 人生禮讚 喜悅無量

머리말

　삶은 간단하지 않다. 오늘날 서구화된 사회에서 100세 시대를 맞이하여 많이 퇴색한 듯하나, 뿌리 깊은 동양적 전통에 따라 여전히 환갑이란 나이 61은 육십갑자의 시작인 갑(甲)으로 되돌아옴으로써 그 의미가 작지 않기에 각자의 인생을 성찰하게 한다. 사실 자아실현보다 더 중요한 것이 자기극복이다.

　돌이켜보니, 다행하게도 필자 중정(中正)에게는 '사회약료(Therapy of Social Medicine)'가 있다. 약사(藥師)로서 소명감(Calling)과 사명감(Mission)을 가지고 쓴 책이 사회약료다.

현대의료의 한계를 극복하고자, 건강한 100세 시대를 여는 보건의료의 필살기로서 현대의료를 핵심으로 사회약료를 여백으로 보고 그 이론을 정립한 것이 사회약료다.

이는 인류사(人類史)적으로 6000년 동안 지속되어온 약물의 독점체계를 최초로 깨고 약(藥; Medicine)의 세계를 약물(Drug)과 사회약(Social Medicine)으로 이원화시키는 '인문작업(人文作業)'이었다.

그 결과, 이 책은 서울대에서 국문판으로 발간된 이듬해에 정부가 공인한 우수학술도서인 '세종도서'로 선정되어 교보문고는 물론 전국 도서벽지의 도서관에도 보급되었다.

또한 영문·중문·독문판으로 전자책(eBook)과 함께 발간되면서 하버드·예일·MIT·스탠퍼드 등 세계적인 명문대학의 교재로서 당당하게 도서관에 소장·비치되어 있을 뿐만 아니라 전 세계 100여 곳의 유명서점과 백화점에서도 스테디셀러로 자리매김하고 있다.

여기에는 다수의 노벨상 수상자들을 작가로 보유한 스프링거(Springer)라는 세계적인 출판사에서 독점 출간

한 이후, 아마존과 이베이 등 굴지의 유통망이 참여하고 구글 등 글로벌 대기업이 마케팅을 하고 있다는 점에서 가능한 일이었기에 개인적으로는 나름대로 일생의 소망('K-Book의 원조')을 알차게·꽉차게·벅차게 이룬 셈이다.

이처럼 사회약료를 세상에 선보이고 나자, 누군가 동양철학의 진수인 『주역(周易)』에 도전해 보라는 말이 떠올랐다.

사실 『주역(周易)』은 동양에서 가장 오래된 경전인 동시에 제일 난해한 글로 일컬어지기에 한번쯤은 만나봐야 한다고 생각했었다.

그리하여 현대 물질문명의 풍요 속에서도 정글사회의 생존경쟁으로 피폐화된 정신적 빈곤을 극복하는 근본과 본질 중심의 내공을 쌓거나 진리의 길(道)을 찾으리라는 소박한 희망을 안고 뛰어들었다.

그러나 방대한 분량과 난해함으로 곧 주역의 입문서인 『계사전』을 중심으로 훑어보는 데 만족해야만 했다.

그럼에도 불구하고 과연 주역은 '변화(Change)'의 책이었다. 흥미롭게도, 『주역』(64괘)을 읽고 나니 중정지도

(中正之道; 64자)의 시 한편이 완성되었다:

坐景千里 立景萬里 文中有畵 畵中有心
天紙海墨 一筆揮之 人生禮讚 喜悅無量
疾風怒濤 悠悠自適 人生必然 凡事感謝
恒心恒身 中正之道 若無中正 是無世上

한마디로 『중정 주역』은 주역의 입문서의 입문서다. 주역의 방대한 숲으로 인도하는 안내서에 불과하다는 말이다.

다만 작가로서 독창적으로 주역을 풀어보고자 시도했고 흩어지기 전에 그 노력의 흔적을 모아 환갑기념 문집으로 삼고자 부끄러움을 무릅쓰고 용기를 내었다.

총 31편이므로 하루에 한편씩 부담없이 읽으면 꼭 한 달 분량이다.

급할수록 돌아가고 복잡할수록 간소화시키는 것이 지혜다. 동양 최고의 경전인 주역을 한 달 만에 훑어볼 수 있다면 온고이지신(溫故而知新)의 맛보기로 괜찮을 것 같지 않은가.

셰프 중정이 요리한 『중정 주역』의 맛에 대한 평가는 온전히 독자들의 몫으로 돌린다.

언제나 진료와 수술로 바쁜 가운데에도 마다않고 시간을 내어 추천의 글을 써준 허민강 원장, 미국에 있으면서도 신통방통한 손기술로 중정 근영을 캐리커처화해 준 이정찬 선생, 그리고 졸고를 무한신뢰하며 기꺼이 출간해 준 박관식 대표께 고개 숙여 깊은 감사를 드린다.

늘 변함없고 아낌없이 후원해 주는 충우회 친구들과 사랑하는 우리 가족 모두에게 고맙고 감사한 마음을 전한다.

2019년 3월

압구정에서 중정 쓰다

차 례

중정 주역 1

우주는 11차원이다.

21세기를 살고 있는 우리가 다차원의 시·공간을 자유롭게 넘나들고자 만들어 놓은 무한도전의 수학 방정식은 아이러니컬하게도 그 옛날 동양철학의 『주역』과 심궤를 같이 한다.

최신과학의 양자역학(정량분석)과 고대역학의 주역(정성분석)이 난해하기도 하거니와 불확실하기도 마찬가지인지라 '이현령 비현령'식으로 가능성(확률)만을 말해주는 비결정론인 점도 흥미롭다.

예컨대 양자역학에서 회자되는 '슈뢰딩거의 고양이'를

들 수 있다. 즉 고양이는 외부 세계와 완전히 차단된 상자 속에 들어 있고, 이 상자는 독가스가 들어 있는 통과 연결되어 있다.

독가스는 밸브에 가로막혀 상자 속으로 들어갈 수 없으며, 독가스가 든 통 역시 외부 세계와 완전히 차단되어 밸브가 열리는지 볼 수 없다.

이 밸브는 방사능을 검출하는 기계 장치와 연결되어 있다. 그 기계 장치는 라듐 등이 붕괴하며 방출한 알파 입자를 검출하여 밸브를 연다.

밸브가 열린다면 고양이는 독가스를 마셔서 죽게 된다. 그리고 처음에 라듐은 단위 시간 당 50%의 확률로 알파 붕괴를 하도록 세팅되어 있다. 그렇다면 그 단위 시간이 흐른 후에 고양이는 50%의 확률로 살아 있거나 죽어 있을 것이다.

여기서 실험자는 외부에 있기 때문에 관찰이나 간섭을 절대 할 수 없는 상태에서 대답을 해야 한다. 결론적으로, 이는 상자를 열어보기 전에는 살아 있는 상태와 죽어 있는 상태가 '중첩'되어 있으나 관측하는 순간 하나의 상태로 확정된다는 해석('코펜하겐 해석')으로 대상에 대한 관측 행위가 대상의 상태를 결정한다는 것이다.

나아가, 다차원의 평행한 우주의 막과 막이 만나는 순간 '빅뱅'이 일어난다고 본다. 이처럼 최첨단과학의 끈 이론과 양자역학적 확률로 아무리 계산해도 고차원적인 결론은 역시 '운칠기삼'이다.

이제 삼라만상의 통일이론에 대한 수학 방정식을 세웠기에 '통찰(미시와 거시, 혹은 자신과 외부 세계를 두루 살핌)'이란 측면에서 동양철학의 진수인 『주역』으로 넘어가는 것도 한 가지 방법이 될 수 있다.

『주역』은 변곡점이다. 부드러운 카리스마는 연속적이고 매끄러운 변곡점의 활용에서 작동하기 때문이다.

중정 주역 2

주역은 삼라만상의 이치를 다루는지라, 현대 과학의 무게만큼 무겁다. 현대 과학의 만물이론(Theory of Everything)도 17세기 과학혁명 이후 오늘날까지 최고의 과학자들이 오랫동안 다듬은 끝에 완성된 방정식으로 다차원의 변화무쌍한 우주를 압축하여 표현하고 설명한다.

무엇보다도 현대 과학의 근본인 입자와 파동의 이중성과 동양철학의 근본인 음(陰, --)과 양(陽, —)의 이중성은 모두 동일한 '이진법적 구성'이므로, 양면이 아닌 하나로는 다양한 변화를 줄 수 없다는 점에 주목해야 한다.

따라서 동양철학의 근본인 음양오행설에 대한 고찰이 선행될 필요가 있다. 먼저, 음양설은 우주나 인간에게 적용되는 모든 현상이 음과 양의 쌍으로 나타난다는 것이다(예: 위·아래, 높고 낮음, 여자·남자 등).

특히 인간의 생명정보를 고도 압축해 담은 DNA마저도 이중나선의 쌍으로 구성되어 있다는 사실도 간과해서는 안 될 일이다.

음이라는 글자는 언덕 구(丘)와 구름 운(雲)의 상형(象形)을 포함하고 있으며, 양이라는 글자는 모든 빛의 원천인 하늘을 상징하고 있다.

이들은 대립적이지만 서로 상보적이기에 음과 양이 확장하고 수축함에 따라 우주의 운행이 결정된다는 것이며, 음과 양의 네 가지 기운(생, 노, 병, 사)에 따라 확장·수축함으로써 오행설이 완성된다.

즉 오행설은 금(金), 수(水), 목(木), 화(火), 토(土)의 다섯 가지가 음양의 원리에 따라 행함으로써 우주의 만물이 생성하고 소멸하게 된다고 보는 우주 질서의 조화이론이다.

흥미롭게도 음양오행설은 현대 과학으로 훌륭하게 설명이 된다. 예컨대 순수한 에너지로부터 우주에 나타나는 물질은 항상 '음과 양의 쌍(입자-반입자 쌍, 디락 방정식)'으로 나타나며 입자와 파동의 이중성과 같이 서로 상보적이라는 것이 닐스 보어의 상보성 원리이다.

또한 에너지로부터 생성된 음과 양의 쌍은 소멸되어 순수 에너지로 전환되고 다시 에너지는 음-양의 쌍으로 물질을 생성시킨다($E=mc^2$).

이와 같이 생성된 현상계의 물질은 우주의 네 가지 힘(중력, 전자기력, 약력, 강력)에 따라 다섯 가지의 형태로 나타난다. 이른바 고체, 액체, 기체, 플라스마, 그리고 암흑물질인 이들이 바로 오행설의 금, 수, 목, 화, 토에 해당된다.

주역의 '역(易)'은 도마뱀의 상형문자로 변화, 즉 '단순성을 극복한 이중성'을 뜻한다.

결국 주역이란 음양오행에 따른 천지의 변화를 널리 설명하는 책으로 동서고금을 망라, '만물이론의 유일한 경쟁이론서'다.

중정 주역 3

주역의 탄생을 고찰하면 복희씨가 8괘를 만들고, 신농씨(神農氏, 혹은 伏羲氏, 夏禹氏, 文王)가 64괘로 나누었으며, 문왕이 괘에 사(辭)를 붙여 주역이 이루어진 뒤에 그 아들 주공(周公)이 효사(爻辭)를 지어 완성했고, 이에 공자가 십익을 붙였다는 내용이 대개의 통설이다.

주역의 이상(ideal)은 국가 차원에서 섭리〔天命〕를 알고 이에 순응케 함으로써 '도덕적 인간'을 완성하는 한편, 개인 차원에서 미래의 운명을 발견하여 때에 맞춰 대응함으로써 역경을 회피하거나 최소화하고 극복할 수 있는 운칠기삼(運七技三) 이면의 지혜를 얻는 데 있다.

인간은 만물의 대표이자 소우주다. 음과 양(우주)이나 선과 악(인간)의 본질로 조명할 때 복잡하게 얽혀 있는 인간사의 변화를 만물이론의 수학 방정식처럼 하나로 설명하고, 나아가 예측까지 하는 주역은 무한도전일 수밖에 없다.

이를 위해 주역은 '총론 진단'의 괘(卦: 때의 일반적 상황)와 '각론 암시'의 효(爻: 적시 변화)로 구성되어 있어서 해석하기 나름이기에 풀어내는 사람의 안목, 즉 육안과 심안에 따라 차이가 날 수밖에 없음을 유념할 필요가 있다.

왜냐하면 주역은 우리가 모르는 우주의 신비한 진리로 가득한 책이 아니라 괘상(卦象)과 괘효사(卦爻辭)를 통해 인간사의 길흉을 밝히는 책이기 때문이다.

동양사상에서는 8괘가 기본인데 양효(陽爻, ―)와 음효(陰爻, --)로 이루어진 세 개의 효를 겹쳐서 만든다. 이는 우주의 기본 요소인 여덟 가지의 상(相)을 나타내는 것이다.

건(乾:☰, 하늘), 태(兌:☱, 못), 감(坎:☵, 물), 이(離:☲, 불), 진(震:☳, 우뢰), 손(巽:☴, 바람), 간(艮:☶, 산), 곤(坤:

☷, 땅)을 말한다.

예컨대, 태극기는 우리 민족과 8괘의 뿌리 깊은 연관성을 단적으로 보여준다. 중앙에 음양 화합을 상징하는 태극이 있고, 건곤감리(乾坤坎離)가 있다.

건곤은 천지(天地)를 의미하고 감리(坎離)는 중남·중녀(中男中女)로서 육자괘(六子卦) 가운데 음양의 중(中)을 얻어 일월주야한서(日月晝夜寒暑)의 천도 운행(天道運行)을 주관한다는 가장 중요한 괘다.

기본 8괘를 상하로 배치해 괘상(卦象)을 만들면 모두 64개가 된다. 괘상(卦象)이란 길흉이 나타나는 모양, 즉 괘의 모습(외모)을 일컫는다. 주역을 이루는 64개의 괘는 각각 여섯 개의 효, 6획(劃)으로 구성된다.

여기서 획(劃)은 화(畫)로 통하기에 그림으로 간주되는 것이 핵심이다. 이제 6획으로 구성된 괘는 하나의 그림이 되어 인간사에서 발생 가능한 어떤 상황을 총체적으로 표현하게 된다.

그리고 그림마다 말들이 달려 있는데 이것이 괘사(卦辭)와 효사(爻辭)다. 괘에 달려 있는 괘사와 효사를 시(詩)로 볼 때 하나의 방정식처럼, 주역도 괘마다시·서·화가 유기적으로 잘 짜인 단위체계로 볼 수 있다.

무슨 일이든지 근본을 세우는 것, 즉 '입본(立本)'이 가장 중요하다. 주역은 하루아침에 이루어지지 않았고, 단 하나의 괘로 구성된 것도 아니다.

총 64괘(384효)로 자연의 이치에 따른 우주 만물판독의 근본을 세운 것이다.

오늘날 사람들은 외모를 중요시 한다. 주역도 64개의 '길흉 함수'를 가진 외모를 DNA처럼 '생명 코드'로 취급한다. 만물은 쉽게 변하고 변하지 않는 게 없다. 때마다 다르다.

중정 주역 4

역유태극(易有太極)하니 시생양의(是生兩儀)하고 양의(兩儀)가 생사상(生四象)하고 사상(四象)이 생팔괘(生八卦)하니라.

역(易)에는 태극(太極)이 있으니 이것이 양의(兩儀)를 낳고 양의(兩儀)는 사상(四象)을 낳으며 사상(四象)은 팔괘(八卦)를 낳는다(『주역』「계사전」).

이것을 풀어 쓰면 8괘란 〈그림 1〉처럼 하나에서 둘이, 둘에서 넷이, 넷에서 여덟 개가 생성되기에 태극(太極)이 양의(兩儀)를 낳고, 양의가 사상(四象; 여기서 '노양과 노음'은 '태양과 태음'이라고도 함)을 낳고, 사상이 8괘를

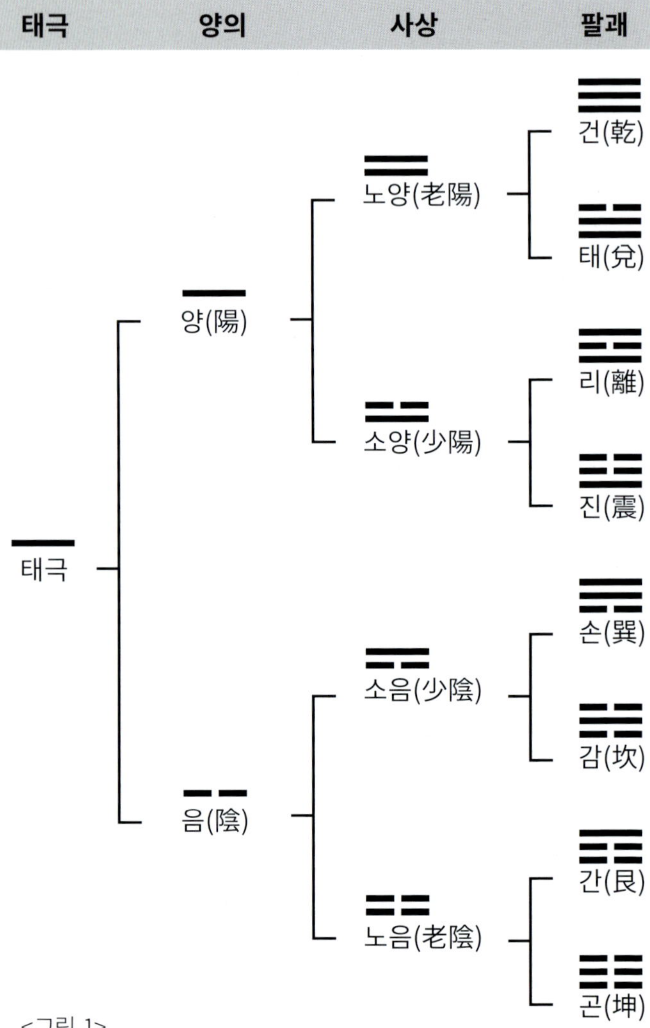

<그림 1>

낳는다. 즉 8괘의 모든 효(爻)는 맨 아래서부터 차례로 양효(—)와 음효(--)를 얹어 만들어 나간다. 이는 만물이 아래에서 위로 자라기 때문이다. 이것이 팔괘생성의 원리다.

또한 음양을 알고자 할 때는 3개의 효 가운데 2개는 음양이 같고 하나만 음양이 다르기에(건과 곤은 제외함), 그 다른 하나가 바로 그 괘의 음양을 결정한다.

즉 3개의 효 가운데 같은 효를 제외하고 남는 하나의 효가 음효이면 그것은 음괘이고, 3개의 효 가운데 같은 효를 제외하고 남는 하나의 효가 양효이면 그것은 양괘이다.

그리고 건괘는 양효가 3개이고, 곤괘는 음효가 3개로 되어 있다. 건괘는 양괘이고, 곤괘는 음괘이다.

나아가 팔괘장중법을 소개하면, 왼손을 펴서 손가락으로 짚으며 괘 이름을 아는 방식이다. 즉, 연(連)은 선이 이어졌다는 것이고, 절(切)은 선이 끊어졌다는 말이다. 이어진 선(—)은 양이고, 끊어진 선(--)은 음이다.

건삼련은 선 3개가 모두 이어져 있는 양효이고, 곤삼절은 선 3개가 모두 끊어져 있는 음효이다. 진하련은 선

3개 가운데 아래에 있는 선 하나가 이어진 양효라는 뜻이고, 간상련은 선 3개 가운데 맨 위에 있는 선 하나가 이어진 양효라는 뜻이다.

감중련은 선 3개 가운데 중간에 있는 선 하나가 이어진 양효라는 뜻이고, 이중허(또는 리중절)는 선 3개 가운데 중간에 있는 선 하나가 허하다. 즉 중간이 끊어진 음효라는 뜻이다.

태상절은 선 3개 가운데 맨 위에 있는 선 하나가 끊어진 음효라는 뜻이고, 손하절은 선 3개 가운데 맨 아래에 있는 선 하나가 끊어진 음효라는 뜻이다.

요컨대 팔괘를 볼 때 이어진 선이 하나인지, 끊어진 선이 하나인지 보고 그것이 맨 아래에 있는지, 중간에 있는지, 맨 위에 있는지 살펴보면 그 괘 이름을 일목요연하게 알 수가 있다.

8괘는 오늘날의 구구단과 같다. 이제 '일건천 건삼련-이태택 태상절-삼리화 리중절-사진뢰 진하련-오손풍 손하절-육감수 감중련-칠간산 간상련-팔곤지 곤삼절'에 대한 숙달 훈련은 필수다. 8괘를 완전히 익히지 않고는 주역의 64괘를 이해할 수 없기 때문이다.

중정 주역 5

우리는 사과나무에서 사과가 떨어지거나 가로수에서 낙엽이 떨어져 계절이 바뀌어 가는 것을 보고, 오랜만에 만난 친구의 반백 머리와 주름진 얼굴에서 세월의 무상함을 읽는다.

이처럼 '변화'에 대한 인식으로부터 모든 사유와 이론이 시작된다. 현대 과학의 만물이론은 뉴턴의 중력이론을 수정한 일반 상대성이론의 거시세계와 양자역학의 미시세계를 통합한 끈이론(막이론)으로 구성되어 있다.

이에 대응하는 주역의 통합 우주원리는 하도낙서(河圖洛書)다. 대체로 하도는 체(體, 형이상학 Energy)이고 낙서는 용(用, 형이하학 Material)으로 본다. 하지만 체용론에서 체와 용은 불이(不二), 즉 둘이 아닌 것으로 상대적이면서도 표리일체의 불가분의 관계를 말한다.

이는 마치 양자역학의 '중첩'과 같은 원리다. 체를 떠나서 용이 있을 수 없고, 용을 떠나서 체가 있을 수 없다. 그것은 개념상으로는 분류할 수 있어도 실제로는 분류할 수 없는 '합일적 존재'이다.

아무튼 하도는 상생, 낙서는 상극 관계('변화와 상호작용')를 나타낸다. 즉 하도(河圖)는 복희(伏羲)가 황하(黃河)에서 얻은 그림으로, 이것에 의해 복희는 주역의 8괘를 만들었다.

낙서(洛書)는 우(禹)가 낙수(洛水)에서 얻은 글로, 이것에 의해 우는 천하를 다스리는 대법(大法)으로서의 『홍범구주(洪範九疇)』를 만들었다고 한다.

하늘은 부딪치는 일이 없으니 상생이고, 땅에서는 모든 것이 경쟁이니 상극으로 본 것이 동양사상(음양오행설)이다.

먼저 〈그림 2〉의 하도에서 기억해야 할 사항으로 위는 남(여름, 만물이 무성한 화), 아래는 북(겨울, 만물이 얼어붙는

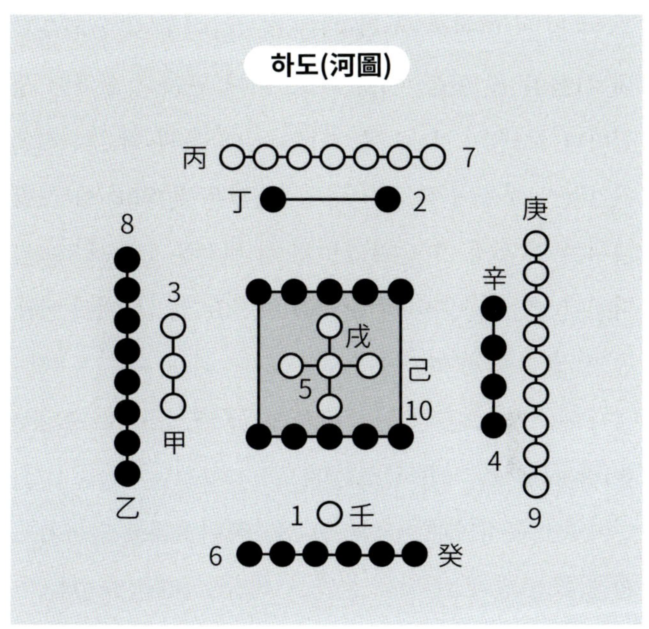

<그림 2>

수), 왼편은 동(봄, 만물이 소생하는 목), 오른편은 서(가을, 만물이 익어 단단한 금)를, 그리고 중앙은 태극(太極)의 중심으로 만물의 중심인 토를 나타낸다.

자연의 이치에 따라 처음에 하늘(—, 언제나 아래로 베풂)에서 기운이 내려오므로 땅(--, 하늘의 정기를 받아 무언가를 낳음)에 원 한(1) 개가 정착되면(나름 '원자'로 표현함),

'살아 있는' 땅에서 원 한 개를 생성하여 위로 올림으로써 하늘은 원 두(2) 개가 되고, 이제 만물이 봄처럼 생성하니 동에 원 세(3) 개, 가을처럼 만물이 익으니 서에 원 네(4) 개로 변화·발전하여 중심에 원 다섯(5) 개를 생성한 연후에, 다시 바깥으로 한 바퀴를 도는데('순환') 이번엔 중앙의 원 다섯(5) 개를 가지고 시작하기에 아래는 여섯(1+5=6) 개, 위는 일곱(2+5=7) 개, 왼편은 여덟(3+5=8) 개, 오른편은 아홉(4+5=9) 개, 그리고 중앙은 총 열(5+5=10) 개를 완성한다.

이렇게 복희씨가 이 하도를 참고하여 8괘를 만들었고 황제(黃帝)씨가 이 법을 본받아 육갑(六甲)을 도출한 뒤 성인(聖人)이 이 법을 연구 발전시켜 후세까지 역법이 전해져 오고 있다.

즉 하도수(1~10)에는 생수(生數: 아직 미완성의 안쪽 수)와 성수(成數: 완성된 바깥 수)가 있는데 1부터 5까지가 생수이고, 생수로부터 만들어진 성수가 6부터 10까지이다.

읽기는 "천일 지이 천삼 지사 천오 지육 천칠 지팔 천구 지십"으로 읽되 아래와 같이 분류된다.

生數(생수)

1 : 下(하), 北(북), 陽(양), 奇(기), 天(천)

2 : 上(상), 南(남), 陰(음), 地(지)

3 : 左(좌), 東(동), 陽(양) 木(목), 天(천)

4 : 右(우), 西(서), 陰(음) 金(금), 地(지)

5 : 中央(중앙), 陽(양) 土(토), 天(천)

成數(성수)

6 : 偶(우)수, 水(수), 陰, 地(지)

7 : 奇(기)수, 火(화), 陽, 天(천)

8 : 陰(음) 木(목), 地(지)

9 : 陽(양) 金(금), 天(천)

10 : 陰(음) 土(토), 地(지)

1, 3, 5, 7, 9 : 陽(양)수, 天(천)수, 홀수

2, 4, 6, 8, 10 : 陰(음)수, 地(지)수, 짝수

이제 하도수를 풀어보면 天(천) 一(일)이 壬(임) 陽水(양수; 홀수)를 生(생)하여 北(북)에 위치함에 地(지) 六

(육)이 癸(계) 陰水(음수: 짝수)를 합성하고, 天(천) 三(삼)이 甲(갑) 陽木(양목)을 生(생)하여 東(동)에 居(거)함에 地(지) 八(팔)이 乙(을) 陰木(음목)을 합성하고, 天(천) 五(오)가 戊(무) 陽土(양토)를 生(생)하여 中央(중앙)에 위치함에 地(지) 十(십)이 己(기) 陰土(음토)를 합성하고, 天(천) 七(칠)이 丙(병) 陽火(양화)를 生(생)하여 南(남)에 居(거)하고 地(지) 二(이)가 丁(정) 陰火(음화)를 합성하고, 天(천) 九(구)가 庚(경) 陽金(양금)을 生(생)하여 西(서)에 居(거)함에 地(지) 四(사)가 辛(신) 陰金(음금)을 합성하니 天干(천간)이 이 원리에서 나왔다.

따라서 천수(天數)의 합(1+3+5+7+9)이 모두 25이고, 지수(地數)가 모두 30으로 하도수의 총합은 55다.

요컨대, 하도는 우주 창조의 설계도이자 태극과 8괘의 모체로 상생관계를 그리고 있다.

중정 주역 6

예측은 어렵다. 그러나 때를 알면 문제가 달라진다. 주역은 곧 책력(달력)이다. 지구상에 농경문화가 정착되면서 연중 내내 바뀌는 변화와 그 자연의 이치를 깨닫는 것이 정치와 농사짓기(실존)의 관건이었다.

즉 고대 중국에서 하루, 사계절, 24절기, 1년 등 때가 되면 정확하게 똑같은 자연현상이 일어나므로(일관성) 인간이 미래를 예측할 수 있다는 자신감을 가지고 황하 강가에서 오랜 동안 천문지리를 살핀 끝에 완성한 실존 철학의 집대성이 바로 주역이다.

따라서 오늘날 우리도 수천 년 동안 그래왔듯이, 주

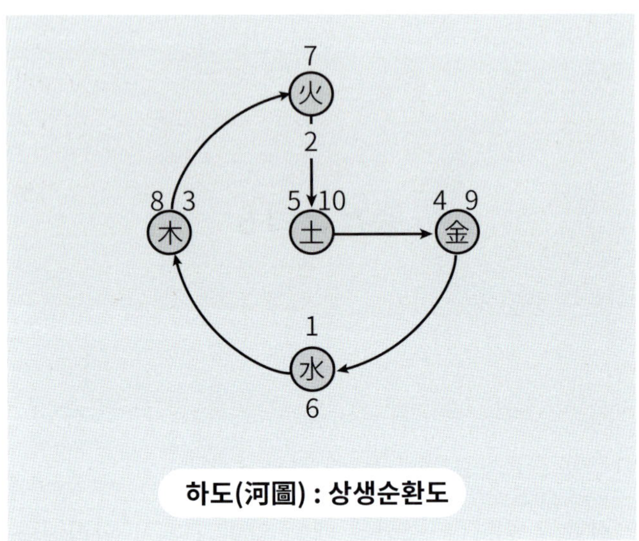

<그림 3>

역을 공부함으로써 미래를 예측할 수 있는 위치에 서게 되고 인격적으로 인의예지를 쌓게 되는 것이다.

문제는 제대로 공부한 사람들이 드물다는 것이다. 아무튼 하도(河圖)에 나타난 음양오행의 이치와 궤적은 '선천팔괘'라는 이름으로 남게 된다.

즉 하도수(1~10)를 오행에 따라 정리하면 동방 목(3, 8; 봄) → 남방 화(2, 7; 여름) → 중앙 토(5, 10; 간절기) → 서방 금(4, 9; 가을) → 북방 수(1, 6; 겨울)임을 알 수 있다

(그림 3).

토는 하도의 중앙에 있는 태극의 중심부(하늘과 땅이 만나 사귀는 곳, 다섯 五의 유래)에 위치하며 여름의 불기운이 삼복더위를 기점으로 사그라지는 곳으로 간절기로 이해해야 한다.

굳이 중앙에 간절기를 둔 이유는 만약 화에서 금으로 곧바로 넘어간다면 불이 쇠를 녹이므로 오행이 성립되지 않기 때문이다. 또한 수는 하늘에서 양의 기운이 땅으로 내려오면 가장 먼저 만물의 소생이 시작되는 1번지다.

양의 기운이 목을 거쳐 화에서 극대화되고 이후부터는 여름의 정수리(하지)에서부터 점차 음의 기운이 흥왕해져 수에서 극대화됨(동지)으로써 '태극'으로 상징되는 음양조화의 한 사이클이 종료되는 것이다(그림 4).

따라서 선천팔괘의 실질적인 궤적은 아래에서부터 왼편으로 돌면서 '수목화토금수'로 돌아오는 '태극 중심의 운동'을 반복하는 것이다. 이처럼 선천팔괘는 어디까지나 하늘 중심의 그림이다.

한편, 하도에서 '일생이법(하나가 둘을, 둘이 넷 등등을 낳

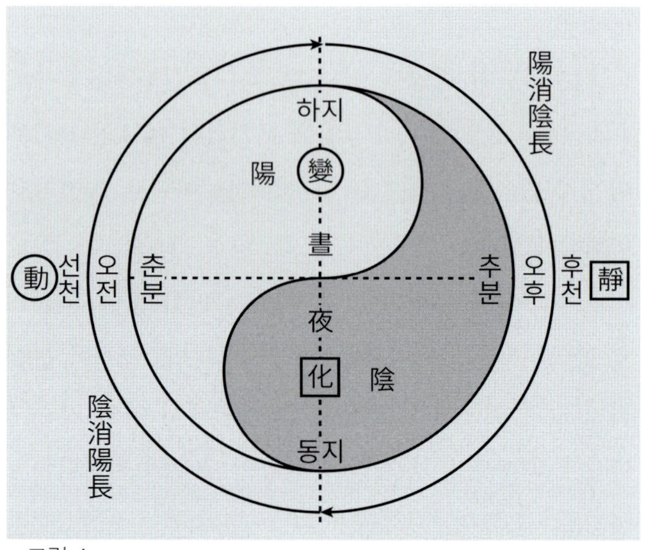

<그림 4>

는 법칙)'으로 '양-음 양-음' 방식으로 확대 재생산함으로써 태극에서 양의, 사상, 8괘가 나오고 세 개의 획, 곧 천지인의 3재(才)가 구성됨으로써 비로소 뭔가 '보이지 않는 이치'를 매달 수 있는 '괘(卦)'가 탄생한다.

즉 선천팔괘도는 <그림 5>와 같다. 이때 각각의 괘를 양괘와 음괘로 나누어 '삼천양지(三天兩地)법'으로 숫자를 부여하면 태양수 9와 태음수 6이 나타난다. 삼천양지법이란 양효인 '—'은 3, 음효인 '--'은 2로 숫자를 부

46

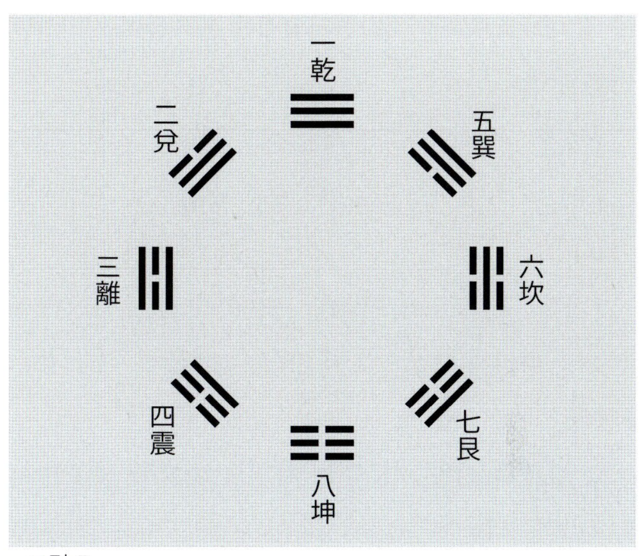

<그림 5>

여하는 규칙이다.

원래 하늘과 땅을 뜻하는 천지는 1과 2이지만 기본수이므로 빼고 하늘을 상징하는 원(지름이 'ㅡ')의 둘레 길이가 파이 값이기에 그 옛날 수학적 계산을 근거('주비산경' 참조)로, 양효에 숫자 3을 부여했음에 유의해야 한다.

따라서 건괘를 아버지로, 곤괘를 어머니로 기준 삼아 세 개의 효 중에서 같은 두 개를 뺀 나머지가 양효이면 양괘, 음효이면 음괘로 보고 아래에서부터 차례로 이름을 장, 중, 소로 지어나가면서 8괘를 분류하여 정리하면 다음과 같다.

- 양괘: 건(☰9, 부), 진(☳7, 장남), 감(☵7, 중남), 간(☶7, 소남). 따라서 사상으로 태양수(노양수)는 9, 소양수는 7이다.

- 음괘: 곤(☷6, 모), 손(☴8, 장녀), 리(☲8, 중녀), 태(☱8, 소녀). 따라서 사상으로 태음수(노음수)는 6, 소음수는 8이다.

그 결과, 보이는 하도수는 사상으로 모두 성수인 6, 7, 8, 9뿐이다(안쪽수인 생수 1부터 4와 태극중앙의 5, 10은 사용되지 않음). 더욱 간단히 줄여 양의로만 볼 때 주역을 '구육지학'이라고도 한다. 즉 9(건괘)와 6(곤괘)의 음양이 어우러져 생기는 만물의 도리를 배우는 학문이기 때문이다.

태극기의 4괘는 선천팔괘 중에서도 핵심인 건곤감리(천지일월)만을 취했다. 이들은 모두 뒤집어도 같은 모양인 부도전괘(不倒顚卦)로, 어떤 상황이 닥쳐도 오뚝이처럼 다시 일어나는 대한민국의 유구한 역사와 실존을 그대로 보여준다는 점에서 시사하는 바가 크다.

중정 주역 7

라이프니츠는 20살이 되던 해인 1666년 『조합의 기술에 대하여(On the Art of Combinations)』에서 모든 개념들을 제한된 수의 단순한 개념들의 조합으로 환원할 수 있다고 설파했다. 나아가, '보편언어'를 염원했는데 이는 20세기 초 비트겐슈타인이 『논리철학논고』(1922)에서 주창한 '이상언어(ideal language)'와 동일한 것이다.

즉 "일종의 보편언어나 문자는 지금까지의 모든 언어와 무한히 다를 것이다. 왜냐하면 보편언어에서는 기호나 단어가 이성을 지도하게 되며, 사실판단을 제외하면 모든 오류란 단순히 계산상의 착오일 뿐이다. 이러한 언어 혹은 기호를 발명하거나 구성하는 것은 매우 어렵겠지만, 어떤 사전도 없이 매우 쉽게 이해할 수 있게 될 것이다."라고 피력했다.

그 이후 라이프니츠의 보편언어 프로젝트에 대하여 알고 있었던 북경에 파견된 예수회 선교사 부베(J. Bouvet) 신부는 1700년 주역의 64괘 그림을 라이프니츠에게 편지로 보내왔다.

주역의 괘를 보고 라이프니츠는 답신에서 자신의 이진법 발상에 대하여 자세히 설명하였다.

즉 '--'과 '-'의 두 기호(爻)를 6개 조합하여 만든 주역의 64괘를 0에서 63까지 64개의 수와 대응시키는 것은 어려운 작업은 아니며, '--'과 '—'을 6층 쌓아올릴 경우 총 64개의 서로 다른 형태(卦)를 얻게 되므로, 이들을 0에서 63이든 100에서 163이든 64개의 서로 다른 수의 이름(고유명사)으로 간주할 수 있기에 이는 단지 숫자 표기의 문제일 뿐이라는 것이었다.

이처럼 음과 양이든 0과 1이든, 서로 분명히 구별되는 두 개의 기호를 체계적으로 반복할 경우, 지금까지 10진법으로만 표현되었던 모든 수를 완전히 표현할 수 있고, 기존의 더하기, 곱하기 등 연산법을 사용할 수 있다는 체계적 발상(이진법 연산)이 현대 과학의 컴퓨터혁명을 몰고온 것이다.

복희씨, 라이프니츠, 부베, 그리고 비트겐슈타인은 모두 21세기를 살고 있는 우리에게 주역의 위력을 새삼스럽게 일깨운다.

중정 주역 8

주역은 하도낙서가 전부다. 어느 대선후보의 선거 공약처럼, 사람이 핵심이다. 문왕의 후천팔괘가 복희씨의 선천팔괘를 계승하면서 집중적으로 손을 댄 부분이 바로 이것이었다(그림 6).

하도에서 선천팔괘가 나왔고 낙서에서 후천팔괘가 나왔으나 이 두 개가 둘이 아닌 하나다(체용론). 선천팔괘는 천지만물이 음양조화로 생성되나 양선음후(陽先陰後: 양이 먼저 일어나고 음이 뒤따름)의 법칙에 따른 태극모양의 운동이 핵심임을 밝히고 있다.

그러나 여기에는 천지인의 3재 중 가장 중요한 사람

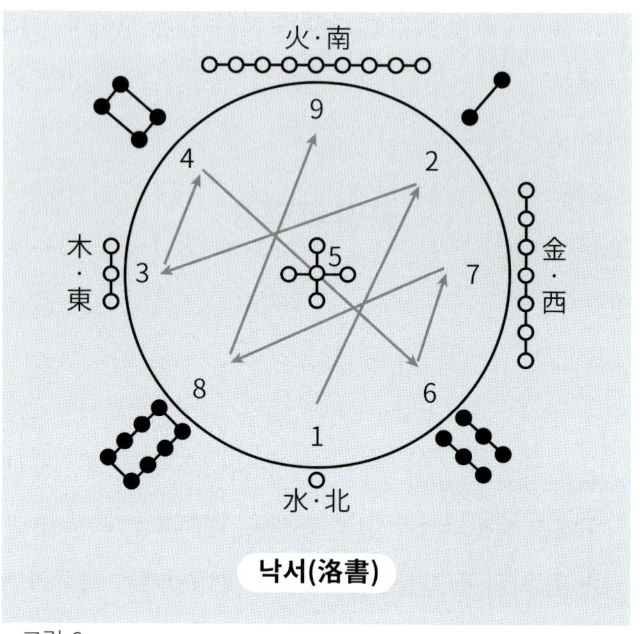

<그림 6>

(人)이 빠져 있기에 현실적인 인사(人事)와 관련하여, 선천팔괘로 설명하고 예측하기가 쉽지 않았다.

이제 천지인의 삼재가 우주의 변화와 상호작용을 주도하게 되었으므로 그 판도가 바뀌면서 그림과 같은 후천팔괘가 작성된 것이다. 여기서 선천팔괘가 후천팔괘로 변하는 이유를 들어보면 다음과 같다.

1. 동성상응(同聲相應)한다는 것은 같은 소리에 서로 응한다는 말로, 진(震)은 이(離)와 서로 같은 소리에 응하여 진이 태의 자리로 옮긴다.

2. 동기상구(同氣相求)한다는 것은 같은 것을 서로 구하는 것으로서 물은 서로 구하므로 태는 감의 자리로 옮긴다.

3. 수류습(水流濕)한다는 것은 감은 아래로 흐르니 북의 자리로 옮기는 것이다.

4. 화취조(火就燥)한다는 것은 리화가 위로 올라가서 남쪽으로 향한다.

5. 운종용(雲從龍)하는 것은 간이 구름이고 진은 용이므로, 간이 용의 위치로 가는 것이다.

6. 풍종호(風從虎)하는 것은 손은 바람이며 태는 범이기에 범은 바람을 일으키는 용을 쫓아 간다.

7. 성인이 일어나 만물이 바라보니(聖人 作而萬物 覩함),

8. 본래 하늘에 근본하는 것은 위와 친하니(本乎天者 親上), 건은 높으니 산방으로 가서 후천팔괘를 이룬다.

9. 본래 땅에 근본인 것은 아래와 친하니(本乎地者 親

下), 곤지는 아래로 부는 바람 자리인 서남 자리의 손방 자리로 간다.

10. 곧 각각이 그 유를 따른다(卽各從其 類也).

하지만 이 방법 해석이 매우 어려워 송대에까지 정착하지 못했기에 예컨대, 주자는 "아부지 뭐하시노?" 하면서 뒷방 차지로 건괘(아버지)가 서북방에 위치했다고 풀이했다.

즉 후천팔괘의 각괘는 방위·계절·오행을 나타낸다. 방위는 아래쪽이 북쪽이고, 위쪽이 남쪽이며, 왼쪽이 동쪽이고, 오른쪽이 서쪽이다. 진이 동쪽, 태는 서쪽, 이는 남쪽, 감은 북쪽으로 사정방(四正方)에 나머지 손·곤·건·간은 사간방(四間方)을 가리킨다.

또한 계절적으로 진은 봄, 이는 여름, 태는 가을, 감은 겨울로 사계절에 속하고 나머지 손, 곤, 건, 간은 간절기(間節期)에 해당한다. 후천팔괘는 춘하추동 사시의 변화에 따라 괘를 배열한 것이기 때문에 오행(五行)이 나온다.

즉 오행으로 분류해 보면 진과 손은 목(木), 이는 화

4巽	9離	2坤
3震	5中宮	7兌
8艮	1坎	6乾

후천팔괘와 마방진(魔方陣)

<그림 7>

(火), 곤은 토(土), 태와 건은 금(金), 감은 수(水), 간은 토(土)로 낙서에 바탕해서 볼 때는 오행이 상극하는 괘위를 이루나 방위도의 운행으로 볼 때는 오히려 오행이 상생하는 순서로 돌아가므로 생극(生克)의 조화작용을 한다.

또한 중앙에 5중궁이 있어 바깥의 팔괘를 두루 조화시키는, 즉 종횡과 대각선의 수의 합이 15수로 3차 마방진(魔方陣, Magic Square)을 이루고 있다.

후천팔괘도는 마주보고 있는 괘가 서로 음양괘이며 양수(陽數)는 사방위에 음수(陰數)는 사간방에 위치해 있으며 가운데 오중(五中)을 제하고 보면 마주하고 있는 괘의 합이 10이 됨을 알 수 있다.

이는 낙서의 9수를 체(體)로 하여 10수를 용(用)으로 삼는다는 것으로 극(克)하는 가운데 생(生)하는 원리가 후천팔괘도에 들어 있다는 뜻이기도 하다.

후천팔괘를 한눈에 파악하려면 〈그림 7〉처럼, '일감 이곤 삼진 사손 오중 육건 칠태 팔간 구리'의 숙달 훈련 이 필수다.

중정 주역 9

오늘날 우리는 민주주의 사회에 산다. 민주적인 사회는 결과 위주의 독재적인 사회와 달리, 절차와 과정을 중시한다.

주역도 중정(中正; 가운데 과정의 올바른 도리 혹은 도덕 질서)을 중시한다. 왜냐하면 중정을 통해서만이 국가 차원의 도덕적 인간과 개인 차원의 길(吉)함을 득하는 최종 결과가 주어진다는 평범한 진리를 깨우쳐주기 때문이다.

특히 값비싼 대가를 치르고 성취한 민주 사회의 이면에 단기간 내에 이룩한 고도 압축성장(경제)을 통해 절차를 가볍게 여기는 경향이 있는 우리에게 주역은 선택이 아닌 필수다.

원래 하나의 괘를 구성하는 여섯 효에는 홀수 번째인 1·3·5효가 양의 자리이고, 짝수 번째인 2·4·6효가 음의 자리이다. 양의 자리에 양효가, 음의 자리에 음효가 들어갈 때가 정(正)이다.

예컨대 초효는 양의 자리이므로 양이 올 경우, 즉 초구(初九)가 정이고 음이 올 경우(初六)에는 부정(不正)이다. 중(中)은 2효, 5효와 관련된다. 2효는 괘의 하체의 가운데이고 5효는 괘의 상체의 가운데 위치하기에 중(中)이라 한다. 중을 이루는 것이 가장 중요하기에 2효와 5효가 길한 경우가 많다.

중정은 중도(中道)와 정도(正道) 혹은 중리(中理)나 정리(正理)와 유사하나, 정보다는 중이 중요하며 치우침이 없이 올바르게 들어맞는 것이 중정이다. 최악의 경우에라도 중정의 길로 나아가면 좋은 결과를 얻지 못할망정 허물은 없다.

여기서 한 걸음 더 나아가 주목할 것은 주역이 우리에게 사회적으로 각자의 위치에서 올바르고 정정당당하게 처신해야 함을 강조하고 이를 요구한다. 요컨대 이는 사회병리 현상을 진단하고 올바른 질서와 틀을 처방하여 '건강 사회'를 만들고자 하는 사회약학적인 측면을 가지고 있다.

주역은 전통적인 유학과 도(道)의 경전일 뿐만 아니라 21세기 사회약학의 훌륭한 교재다.

중정 주역 10

우주의 삼라만상을 설명하고 예측하기 위하여 현대 과학의 만물이론은 하나의 방정식을 탄생시켰다. 이에 필적하는 유일한 경쟁 이론서이자 동양사상의 진수인 주역을 하나의 틀로 재구성하여 제시하는 것도 바람직하고 흥미로운 일일 것이다.

우리는 주역이 64개의 괘로 구성되어 있고 요행이나 꼼수 혹은 변칙이나 반칙이 아닌, 중정을 통하여 국가 차원에서의 도덕적 인간과 개인차원에서의 길함을 득하는 좋은 결과를 가져오는 이치를 강조한다는 사실을 인식하게 되었다.

따라서 주역을 오늘날 사회과학에서 많이 사용하는 '구조(Structure) — 과정(Process) — 결과(Outcome)'의 틀(SPO 방식)에 넣어 재구성하면 다음과 같이 나타낼 수 있다.

구조(Structure, 64괘) → 과정(Process, 중정) → 결과 (Outcome, 두 마리의 토끼)

여기서 두 마리의 토끼는 도덕적 인간(국가차원)과 길함을 득하는(개인차원) 것이다. 방정식이나 틀은 간단할수록 좋다.

중정 주역 11

17세기 뉴턴이 지구에서 사과가 떨어지는 것을 보고 중력을 발견했으나 이를 우주 전체로 확대 적용하기 위해서는 결국 21세기에 들어와 아인슈타인의 중력파로 수정이 불가피했다(과학의 귀납적 방식).

주역의 경우엔 이와 반대방향의 수정이 불가피했다. 복희씨의 선천8괘가 현재의 우주 만물이 자리 잡기 이전의 원리를 표현한 괘의 배열이라면, 문왕의 후천8괘는 현재의 우주 만물이 자리 잡은 이후에 작용하는 이치를 표현한 괘의 배열이라는 점에서 수정이 불가피했던 것으로 여기에도 수백 년이 걸린 것이다(철학의 연역적 방식).

즉 선천8괘가 형체를 위주로 한 체(體)라면 후천8괘는 작용을 위주로 한 용(用)이기에, 하도는 음이고 낙서는 양으로써 선천8괘는 우주 전체의 원리이고 후천8괘는 지구라는 국한된 세계에 작용되는 원리다.

사실 용(用)이라는 글자는 월(月)이 두 개인 소월·대월이 붙어 있어 대체로 60일을 의미하므로 주역은 이 60갑자의 기본체계를 가진다.

예컨대 주역 64괘에서 태극기의 4괘(천지일월)가 생명 유지의 핵심이므로 이를 뺀 나머지 60괘를 일상적으로 사용하기에 체와 용이란 불이(不二)임을 알 수 있다.

또한 주역 64괘상은 하늘의 상(象)과 땅의 형(形)이 합쳐져 만들어진 것으로, 무엇보다도 외모인 상(象)이 중요하고 때가 있으니 이것이 수(數)이고 그 보이지 않는 이치가 리(理)이다. 그래서 그 내역을 푸는 것이 핵심이라는 점에서 주역을 '상수리학(象數理學)'이라고 칭하는 것이다.

우리가 주역을 공부하는 근본적인 목적은 본립이도생(本立而道生, 기본이 바로서야 나아갈 길이 생김)인지라, 때(변화)에 시의적절한 대처를 하기 위함이다.

중정 주역 12

주역은 '숫자 놀이'다. 주역이 주창한 수의 기본은 1부터 10까지이다.

선후천과 그 변화의 이치가 1부터 10까지의 숫자 속에 담겨져 있다. 그것은 이미 언급한 하도수(河圖數)와 이제 소개할 낙서구궁수리(洛書九宮數理), 즉 낙서의 구궁수 이치다.

4천여 년 전 순(舜) 임금이 세상을 다스릴 적에 큰 홍수가 일어났다. 당시 치수 책임을 맡았던 곤(鯀)이 치수 방법을 잘 몰라 실패하자, 그 아들인 우(禹)가 이를 물려받아 9년에 걸친 치수사업에 전력을 기울였다.

치수하는 동안 자기 집 앞을 세 번이나 지나쳤지만 한 번도 들르지 않을 정도로 지성을 다하여 마침내 치수에 성공하였다. 이때 응용한 오행이치가 곧 황하지류인 낙수(洛水)에 출현한 거북이 등의 1에서 9까지의 수 무늬(일명 洛書)다.

훗날 치수의 공덕으로 순 임금의 선양을 받아 하나라 시조가 된 우 임금은 치수에 활용한 낙서(洛書)의 아홉 가지 수리를 본받아 천하 만민을 대동평치(大同平治)하는 9가지 범주의 구주(九疇)를 펼쳤고, 그 중심이 되는 것이 중정하고 삿됨이 없는 황극(皇極)의 도였다.

주나라 무왕(武王)이 은나라를 물리치고 천자가 되어 주나라를 세운 후에 은(殷)의 기자(箕子)에게 천하를 다스리는 떳떳한 도를 묻자, 기자는 홍범구주(洪範九疇)로 천하를 경륜하는 대법을 가르쳐 주었다. 이 사실은 『서경(홍범편)』에 자세히 나와 있다.

이처럼 홍범은 낙서의 오행(五行) 원리에 근거한 고대 동양 정치학의 초석으로서 주역의 후천8괘에도 지대한 영향을 끼쳤기에 낙서구궁수리를 자세히 살펴볼 필요가 있다.

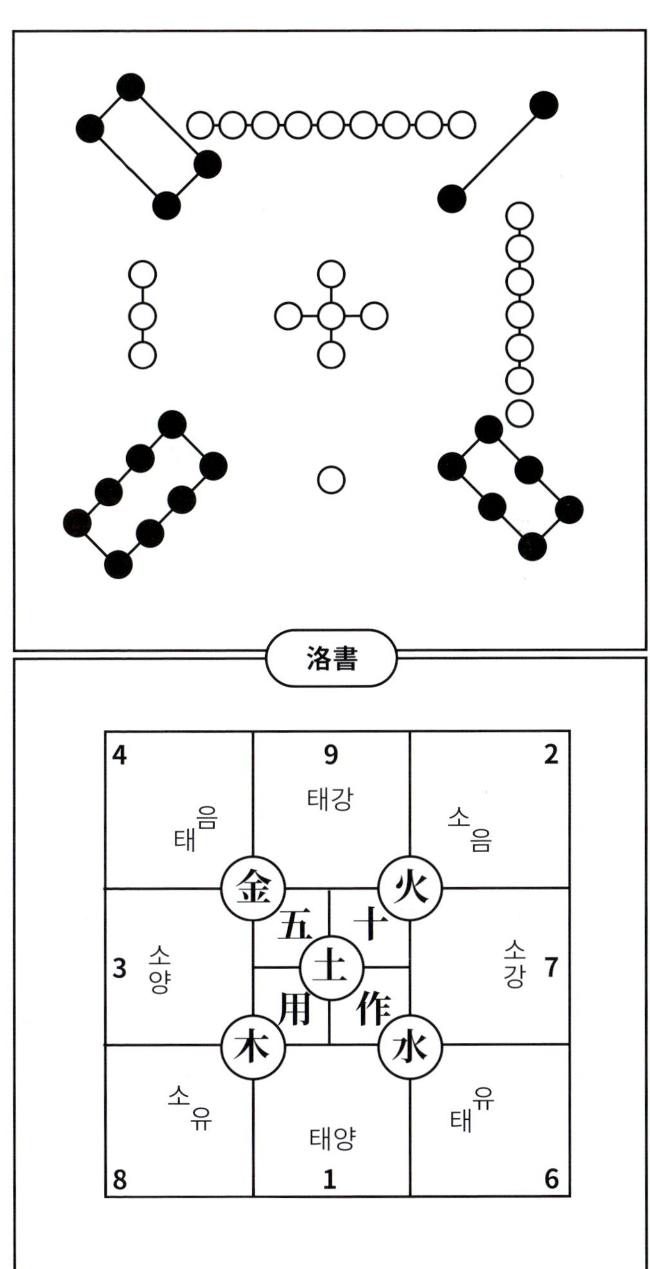

<그림 8>

〈그림 8〉과 같이, 낙서는 가운데 5를 중심으로 네 정방에 양수(天數 혹은 홀수; 1, 3, 7, 9)가 자리하고 그 사이 방위에 음수(地數 혹은 짝수; 2, 4, 6, 8)가 있어 양이 주체가 되고 음이 곁에서 도와주는 모습이다.

이때 낙서수의 총합은 중앙 10이 부재하기에 45이며 하도수의 총합 55와 합하면 100이 된다. 그런데 금(金)·화(火)의 방위와 상수가 선천8괘에서 후천8괘로 넘어가면서 서로 바뀌어 있는 것을 알 수 있다.

즉 남쪽의 여름에는 '2·7 화(火)'가 자리해야 하는데 '4·9 금(金)'이 자리하고 있고, 서쪽의 가을에는 '4·9 금(金)'이 자리해야 하는데 '2·7 화(火)'가 자리하면서 상생이 아닌, 상극관계로 바뀐 것이다.

이것을 '금화교역(金火交易)'이라 한다. 이는 곧 '선천에서 후천으로의 변화'를 상징하며 이때에 사용되는 것이 택화혁(澤火革 ☱☲)괘다. 이는 주역 64괘 중 49번째에 위치하고 괘상에서 연못 물 기운이 위에 있어 아래로 내려오고 위로 염상하는 불 기운이 아래에 있기에 중간에서 만나므로 고친다는 의미로 개혁, 혁명 등을 암시한다.

예컨대, 여름에서 가을로 넘어가는 것을 금화교역(金火交易)이라고 할 수 있다. 여름은 뜨거운 불로, 가을은 딱딱하고 찬 금속에 비유된다.

여름의 뜨거운 기운이 어느새 가을의 서늘한 기운으로 바뀌는 현상을 나타내듯이 이는 금화교역이 이루어져야만 팽창하고 뻗어나가던 모든 것이 수렴하면서 열매를 맺게 된다는 말이다.

오늘날 말세에 산다면서 금화교역을 임의로 해석하여 천지개벽이나 역성혁명을 거론하며 혹세무민(惑世誣民)하는 것은 가당찮다.

중정 주역 13

주역의 숫자 놀이에서는 음양오행이 알파이며 오메가
이다. 원래 오(五)는 상하 천지(음양)를 가리키는 이(二)
안에 엇갈려 사귐을 뜻하는 예(乂; 사귈 예)가 합쳐진 상
태로 음과 양이 사귀어 생성되는 오행, 즉 '수화목금토'
다섯 가지를 가리키기에 이(二)는 천지의 음양, 오(五)는
만물의 오행을 상징한다.

낙서의 중앙수 5가 다른 수들을 다스리는 중심〔皇極〕
으로서 천지간의 만물을 다스린다는 뜻이다.

예컨대, 앞장 〈그림 8〉에서 5를 중심으로 1·6, 2·
7, 3·8, 4·9를 나란히 연계·배합하면 만(卍)의 형태

가 된다.

만(卍)은 5 황극이 중정한 도를 펼침에 따라 천하 만민이 이에 회귀(回歸)하는 것을 말하며, 불교용어로는 이를 '만법귀의(卍法歸依)'라고 한다. 또한 5를 중심으로 마주하는 수가 모두 10으로 합하여 종횡 15(德)를 이루기에(마방진), 중앙의 5가 왕이 다스리는 위치(중궁)이다.

그 옛날 나라에서 거두어들인 오복(五福)을 여러 백성들에게 펴서 주면(用敷; 용부) 백성들이 그 유극(有極)의 자리를 보전해주는 것과 같고, 한쪽으로 기울어짐과 언덕짐을 짓지 않고 사사로이 좋아함과 싫어함〔偏黨好惡〕 없이 탕평정직(蕩平正直)한 왕도를 시행함에 따라 천하 만민이 그 유극으로 회귀(回歸)한다는 사상에서 유래된 것이다.

따라서 펴서 주는(用敷; 용부) 주체가 5이고 모여 돌아오는〔回歸〕 객체는 10이다. 또한 5를 중심으로 마주하는 수가 모두 10으로 합하여 종횡 15를 이룬다. 이는 편당 없이 정치함을 의미하므로 이것을 '오용십작(五用十作)'이라고 했다. 한마디로, 5와 10의 극진한 상호작용 중에서도 특히 중심의 덕(德)이 골고루 세상에 펼쳐짐을 의미하는 것이다.

또한 여기서 주목해야 할 것은 수의 진행순서로 보았을 때, 먼저 1·6이 합하여 수(水)를 생성하고 다음 2·7이 화(火)를 생성하며, 3·8이 합하여 목(木), 4·9가 합하여 금(金), 중(中)5·객체10이 합하여 토(土)를 생성함으로써 선천8괘의 '목화토금수(상생관계)'와는 다르다는 점이다.

즉 후천8괘에서 만물의 기본원소인 수화목금토(水火木金土)를 오행(五行)이라고 칭함은 이와 같이 모두 다섯 번의 절차를 행하여 수화목금토가 생성되는 데다 이 다섯 가지가 가지[行] 않는 곳이 없고 끊임없이 움직여 유행(流行)하는 작용을 하기 때문이다.

行은 彳(자축거릴 척, 왼발 걸음)과 亍(자축거릴 촉, 오른발 걸음)으로 구성된다. 발걸음을 옮겨야 행할 수 있으므로 이는 그침에서[止] 비로소 어떤 일을 움직여 행해 간다[行]는 뜻이다.

오행의 순서가 수화목금토이므로 어머니 뱃속에서 태아의 형체가 이루어질 때에도 정액 즉 수액(水)으로 엉겨 화(火)로서 기혈이 흐르고, 목(木)으로서 모발이 생기고, 금(金)으로서 골격이 생기고, 토(土)로써 피부가 생겨 완전한 형체를 갖추게 되는 것이다.

즉 오행으로서 모든 만물이 이루어지는 것이기에 오행이 없는 곳에서는 생명이 탄생할 수 없고 오행이 움직이지 않는 곳에서는 생명체가 살아갈 수도 없다.

선천팔괘가 전설상의 동물인 용마(龍馬)를 본 복희씨의 '심안'에 의하여 그려졌다면, 후천팔괘는 실존 동물인 거북이를 본 우 임금의 '육안' 관찰과 실천으로 탄생된 것이다. 거북이는 장수 생명체로 인류에게 '음양오행'이라는 큰 선물을 주었고 지금까지도 지구에서 건재하다.

오늘날 도서관이란 말도 하도(圖) · 낙서(書)에서 유래했음을 되새길 필요가 있다. 주역은 하도낙서가 전부다.

중정 주역 14

주역은 하도낙서에서 출발했기에 자연을 모사한 데서 비롯된 것이지만 온전히 자연의 것이라기보다는 인류가 '연구개발(R&D)한' 기호와 상징의 체계로 이해하는 편이 더욱 바람직하다.

즉 주역에서 건(乾)이란 하늘의 이치로 원형이정(元亨利貞)을 말한다. 여기서 원(元)은 봄에 만물의 삶이 시작되듯이 일을 시작하고, 형(亨)은 여름에 만물이 무성해지듯이 떨쳐 일어나 적극적으로 일을 하며, 이(利)는 가을에 만물이 결실을 맺듯이 일을 마무리하고, 정(貞)은 겨울에 만물이 고요하니 봄을 기다리듯이 참고 견디

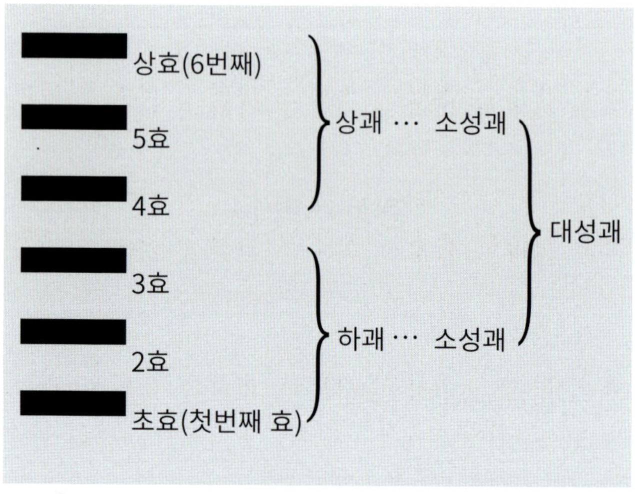

<그림 9>

면서 만물을 분별한다는 뜻이다.

이러한 하늘의 대원칙을 '삼현일장(三顯一藏)의 원리'라고 부른다. 춘하추동이 없는 적도 부근이나 추운 지역에서는 아무리 천문을 관찰해도 주역이 탄생할 수 없다고 보면 동북아에 속한 우리로서는 다행스럽다.

한편 주역 64괘의 구성을 살펴보면 기본적으로 세 개의 효로 구성된 소성괘(小成卦) 8괘가 서로 거듭(인중)함으로써 여섯 개의 효로 구성된 대성괘(大成卦) 64괘를 생성한다(그림 9).

←상괘 ↓하괘	건(乾):天	태(兌):澤	이(離):火	진(震):雷	손(巽):風	감(坎):水	간(艮):山	곤(坤):地
건(乾):天	1. 乾爲天	10. 天澤履	13. 天火同人	25. 天雷無妄	44. 天風姤	6. 天水訟	33. 天山遯	12. 天地否
태(兌):澤	43. 澤天夬	58. 兌爲澤	49. 澤火革	17. 澤雷隨	28. 澤風大過	47. 澤水困	31. 澤山咸	45. 澤地萃
이(離):火	14. 火天大有	38. 火澤睽	30. 離爲火	21. 火雷噬嗑	50. 火風鼎	64. 火水未濟	56. 火山旅	35. 火地晉
진(震):雷	34. 雷天大壯	54. 雷澤歸妹	55. 雷火豐	51. 震爲雷	32. 雷風恒	40. 雷水解	62. 雷山小過	16. 雷地豫
손(巽):風	9. 風天小畜	61. 風澤中孚	37. 風火家人	42. 風雷益	57. 巽爲風	59. 風水渙	53. 風山漸	20. 風地觀
감(坎):水	5. 水天需	60. 水澤節	63. 水火既濟	3. 水雷屯	48. 水風井	29. 坎爲水	39. 水山蹇	8. 水地比
간(艮):山	26. 山天大畜	41. 山澤損	22. 山火賁	27. 山雷頤	18. 山風蠱	4. 山水蒙	52. 艮爲山	23. 山地剝
곤(坤):地	11. 地天泰	19. 地澤臨	36. 地火明夷	24. 地雷復	46. 地風升	7. 地水師	15. 地山謙	2. 坤爲地

<그림 10>

복희 64괘 차서방위도

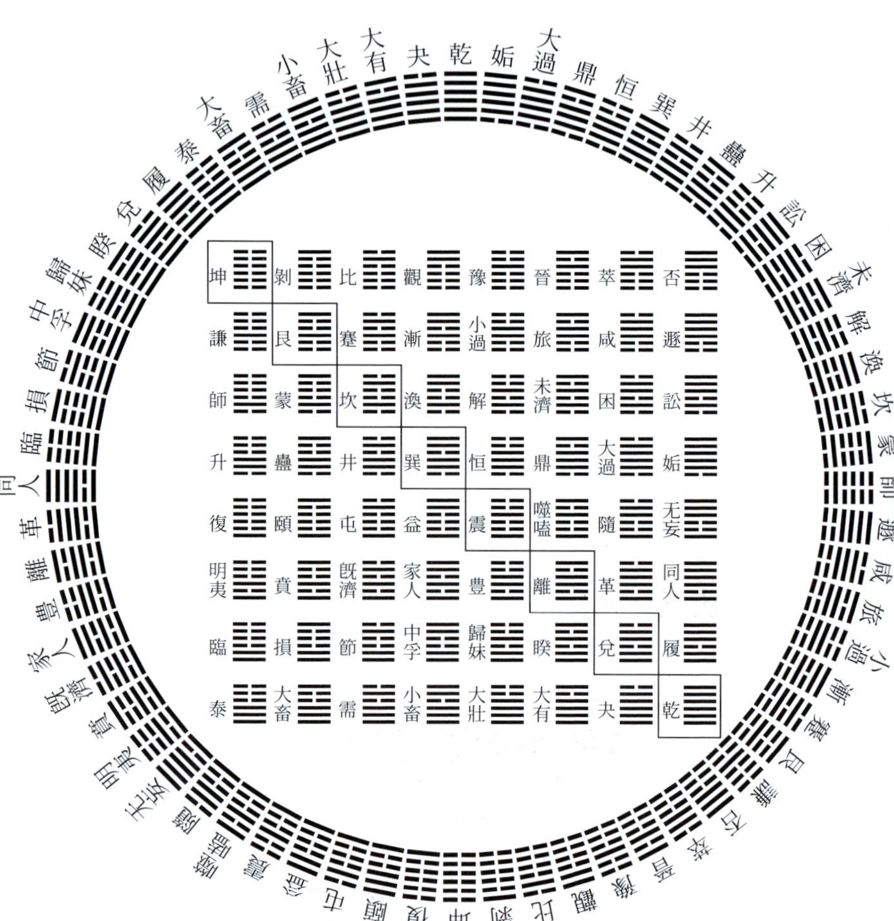

<그림 11>

여기서 대성괘를 이룰 때 소성괘를 중첩하는 것은 일정팔회(一貞八悔)의 법칙으로 소성괘부터 성질과 구체적인 형태가 이루어지므로 독립된 형태를 중시한 것이다.

물론 일생이법에 의해 8괘가 16괘, 16괘가 32괘, 32괘가 64괘로 분화해도 64괘로 이루는 결과는 같다. 여기서 일정팔회란 정(貞)은 정고하게 있다는 뜻이고, 회(悔)는 움직임이니 소성괘 중 한 괘를 본체로 밑에 두고, 위에만 8괘를 차례로 바꾸어놓아 한 괘당 대성괘 8괘를 만드는 방법이다(총 64괘가 됨, 8×8 = 64).

이를 도표로 예시하면 〈그림 10〉과 같다. 그리고 이러한 방법에 의해 순서도를 그린 것을 '복희 64괘 차서방위도'라 한다(그림 11).

64괘가 8괘를 중첩한 것은 상층부와 하층부를 상징한 것이므로 64괘 중 1~30번까지는 자연현상 중심의 '상경(上經; 성인지도 표상)'이라 하고, 31~64번까지는 인사(人事) 중심의 '하경(下經; 군자지도 천명, 즉 성인지도의 실천)'이라고 한다.

천자문이 천지현황으로 시작되듯이 주역의 상경도 천지(부모)부터 시작되고 하경은 소남·소녀가 만나 가정

주역 64괘

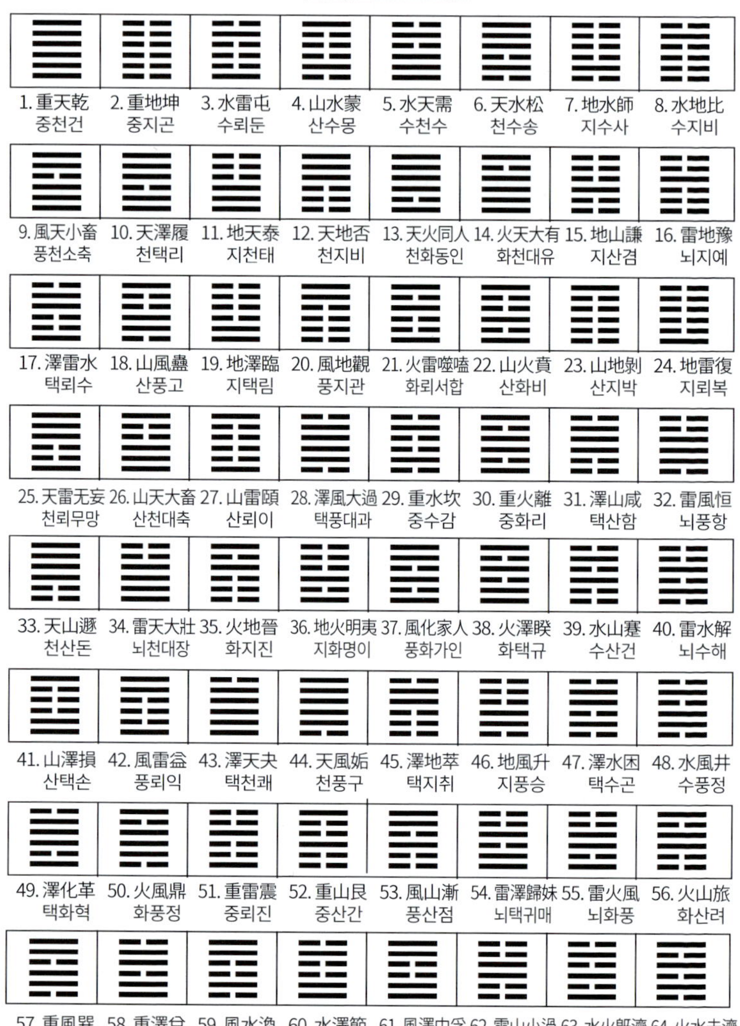

1. 重天乾 중천건
2. 重地坤 중지곤
3. 水雷屯 수뢰둔
4. 山水蒙 산수몽
5. 水天需 수천수
6. 天水松 천수송
7. 地水師 지수사
8. 水地比 수지비
9. 風天小畜 풍천소축
10. 天澤履 천택리
11. 地天泰 지천태
12. 天地否 천지비
13. 天火同人 천화동인
14. 火天大有 화천대유
15. 地山謙 지산겸
16. 雷地豫 뇌지예
17. 澤雷水 택뢰수
18. 山風蠱 산풍고
19. 地澤臨 지택림
20. 風地觀 풍지관
21. 火雷噬嗑 화뢰서합
22. 山火賁 산화비
23. 山地剝 산지박
24. 地雷復 지뢰복
25. 天雷无妄 천뢰무망
26. 山天大畜 산천대축
27. 山雷頤 산뢰이
28. 澤風大過 택풍대과
29. 重水坎 중수감
30. 重火離 중화리
31. 澤山咸 택산함
32. 雷風恒 뇌풍항
33. 天山遯 천산돈
34. 雷天大壯 뇌천대장
35. 火地晉 화지진
36. 地火明夷 지화명이
37. 風化家人 풍화가인
38. 火澤睽 화택규
39. 水山蹇 수산건
40. 雷水解 뇌수해
41. 山澤損 산택손
42. 風雷益 풍뢰익
43. 澤天夬 택천쾌
44. 天風姤 천풍구
45. 澤地萃 택지취
46. 地風升 지풍승
47. 澤水困 택수곤
48. 水風井 수풍정
49. 澤化革 택화혁
50. 火風鼎 화풍정
51. 重雷震 중뢰진
52. 重山艮 중산간
53. 風山漸 풍산점
54. 雷澤歸妹 뇌택귀매
55. 雷火風 뇌화풍
56. 火山旅 화산려
57. 重風巽 중풍손
58. 重澤兌 중택태
59. 風水渙 풍수환
60. 水澤節 수택절
61. 風澤中孚 풍택중부
62. 雷山小過 뇌산소과
63. 水火旣濟 수화기제
64. 火水未濟 화수미제

을 이끄는 것으로 시작된다. 그 결과 주역은 64괘(그림 12)의 괘명(卦名)에 따른 '64개의 괘사(卦辭)', 64괘 속의 '384개의 효사(爻辭)', 거기에다 '용구(用九)와 용육(用六)' 두 문장을 합하여 총 450개의 문장으로 구성되어 있다.

삼라만상의 질서와 변화원리를 깨닫기 위해 주역을 배우고자 한다면 먼저 주역의 구조이해가 선행되어야 한다.

주역의 괘상은 프랙털 구조를 형상화한 것이기에 괘상을 알면 미래를 유추할 수 있다. 이를 위해 64괘의 괘상과 괘명에 대한 숙달 훈련이 필수다.

중정 주역 15

주역과 첨단 생명과학의 연계성에서 가장 많이 인용되는 것은 주역 대성괘의 수와 코돈(Codon; 유전 암호)의 수가 64개로 일치한다는 사실이다.

DNA는 스스로 복제할 수 있고, RNA로 전사(tran-scription)될 수 있으며 RNA 정보로부터 번역(translation)이라는 과정을 거쳐 단백질을 생성한다. 이를 생명과학에서 '일반 원리(Central Dogma)'라고 부른다.

여기서 전사(transcription)는 DNA를 주형(template)으로 RNA를 합성하는 과정을 말하고, 합성된 RNA는 가공을 거쳐 mRNA를 형성하며, mRNA는 단백질을 합성하기 위한 번역 과정에서 사용된다.

이처럼 유전정보의 전달과 발현에 관한 일반 원리에 따르면, 유전형질은 단백질로 발현되며 단백질의 종류와 기능은 아미노산의 서열로 인해 결정된다. 이때 단백질의 아미노산을 지정하는 RNA의 유전정보가 바로 코돈이다.

즉 mRNA를 주형으로 하여 단백질을 합성하는 과정에서 이 코돈에 따라 순서대로 지정된 아미노산이 결합하며, 이후 단백질 접힘 등의 변화 과정을 거쳐 완전한 기능을 수행하는 단백질이 된다.

RNA를 구성하는 염기에는 우라실(Uracil)[DNA에서는 티민(Thymine)을 사용함], 구아닌(Guanine), 시토신(Cytosine), 아데닌(Adenine)의 4종이 있다.

하나의 코돈은 세 개의 염기로 구성되어 있으므로 이론적으로 코돈은 4×4×4=64 종류의 정보를 지정할 수 있다. 어느 생명체든 64개 이상의 코돈은 없다.

특히 인간의 경우, 64종의 코돈 중에서 61종은 단백질을 형성하는 20종의 아미노산을 지정하고 나머지 3종의 코돈은 어떤 아미노산도 지정하지 않고 유전암호

해독의 종결암호로서 작용한다(정지 코돈).

또한 메싸이오닌의 코돈은 유전암호 해독의 개시 암호이다(개시 코돈). 요컨대 바이러스에서 사람에 이르기까지 모든 생명체가 모두 같은 유전암호를 이용하고 있는 셈이다.

따라서 주역과 코돈의 수치적 일치가 전부터 사람들의 흥미를 끌어왔기에 이를 구체적으로 살펴보면 다음과 같다.

첫째, 4개의 염기를 그 구조에 따라 두 유형으로 나눌 수 있다(그림 13). 하나는 퓨린(purine) 형이고 다른 하나는 피리미딘(pyrimidine) 형이다.

〈그림 13〉의 오른쪽을 보면, 좌측에 있는 것이 퓨린 형이고 구아닌과 아데닌이 여기에 속한다. 우측에 있는 것이 피리미딘 형이며 시토신, 티민(그리고 우라실)이 여기에 속한다. 염기결합은 항상 이 두 형의 상보적 결합이다.

퓨린 형을 1(주역의 —), 피리미딘 형을 0(주역의 – –)으로 표기하면, 이 기호로 알 수 있는 것은 결합은 항상 음양의 결합이므로 같은 양인 구아닌과 아데닌, 같은

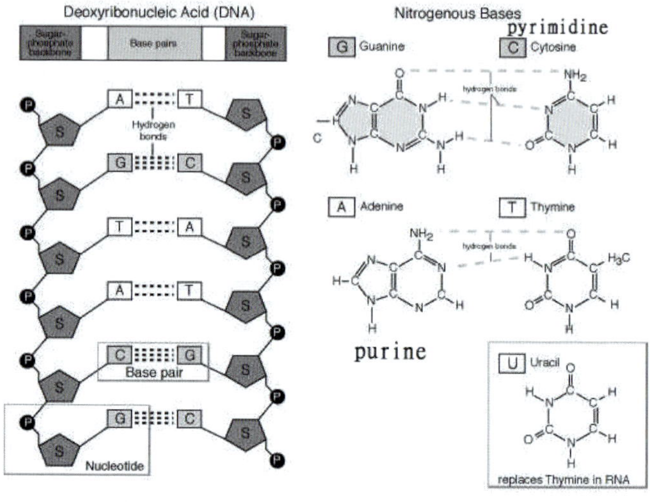

<그림 13>

음인 시토신과 티민이 결합할 수 없다는 것이다.

그러나 아직 염기간의 일대 일 대응으로는 부족한 게 사실이다. 구아닌과 티민, 아데닌과 시토신의 결합을 금지하고 있지 않기 때문이다.

따라서 정확한 1:1 대응을 위해 추가적인 정보가 필요한데 이것이 '샤가프의 법칙(Chargaff's rule)'이다.

둘째, 염기결합은 A와 T, G와 C 사이에서만 일어난다 (그림 13의 왼쪽 참조). 결국 네 가지 염기의 형태는 약간

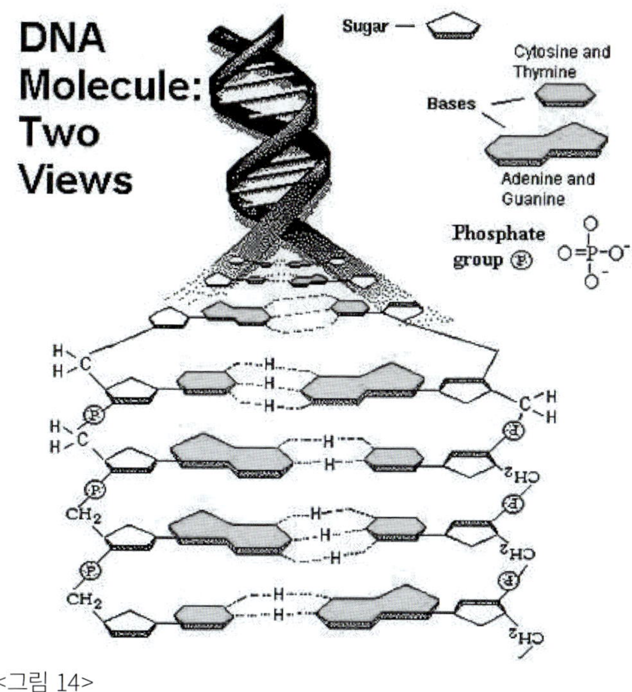

<그림 14>

다르지만 A-T와 G-C쌍이 만드는 면의 구조는 크기와
형태가 매우 비슷하여 이중나선의 내부에 어떤 변형을
일으키지 않고도 꼭 들어맞음으로써 질서정연하게 겹쳐
지는 놀라운 일(중첩)이 나타난다.

A-T의 결합을 결합유형 1이라 하고 G-C의 결합을 결

	형태유형	결합유형
A	1	1
T(U)	0	1
G	1	0
C	0	0

<표 1>

합유형 0이라 하면 우리는 네 가지의 염기를 〈표 1〉과 같이 표시할 수 있다.

각 염기는 기호론적으로 볼 때 형태유형과 결합유형의 두 가지 정보를 내포하고 있기에 A, T, G, C를 11, 01, 10, 00의 2진기호로 표기할 수 있으며 이것은 주역의 사상(四象)에 해당한다(그림 14).

이 사상을 3개씩 결합시키면 2×3＝6개의 기호로 표시되는데 이것이 바로 괘의 6효에 해당한다. 그러므로 64괘의 각 괘는 64종의 아미노산에 각각 대응시킬 수가 있다.

〈표 2〉는 64종의 아미노산을 보여주고 있다. 예컨대, 페닐알라닌은 UUU이므로 이것은 010101에 대응하고 이것의 괘는 주역 마지막의 화수미제(火水未濟)괘다(괘

FIRST LETTER	SECOND LETTER				THIRD LETTER
	U	C	A	G	
U	Phenylalanine	Serine	Tyrosine	Cysteine	U
	Phenylalanine	Serine	Tyrosine	Cysteine	C
	Leucinealanine	Serine	Stop	Cysteine	A
	Leucinealanine	Serine	Stop	Tryptophan	G
C	Leucine	Proline	Histidine	Arginine	U
	Leucine	Proline	Histidine	Arginine	C
	Leucine	Proline	Glutamine	Arginine	A
	Leucine	Proline	Glutamine	Arginine	G
A	Isoleuoine	Threonine	Asparagine	Serine	U
	Isoleuoine	Threonine	Asparagine	Serine	C
	Isoleuoine	Threonine	Lysine	Arginine	A
	(Start) Methionine	Threonine	Lysine	Arginine	G
G	Valine	Alanine	Aspartate	Glycine	U
	Valine	Alanine	Aspartate	Glycine	C
	Valine	Alanine	Glutamine	Glycine	A
	Valine	Alanine	Glutamine	Glycine	G

<표 2>

의 효는 아래에서부터 읽으므로 2진부호의 앞이 밑으로 간다. 그림 15).

다른 예로 글루타민을 보면, 이것은 CAA이므로 001111이고 이것의 괘는 33번째의 천산돈(天山遯)괘다(그림 16).

인간은 60조 개 이상 100조 개의 세포로 이루어져 있

<그림 15>

<그림 16>

고 각각의 세포는 수많은 단백질들로 구성되어 있다. 이 단백질들은 4개의 염기만 사용하는 DNA 설계도대로 생성되어 변화무쌍하게 작동한다.

결국 생명체의 본질은 주먹구구식의 아날로그가 아니라 설계자가 만든 양자역학 기반(중첩)의 디지털이란 의미다.

오늘날 음과 양의 이진법으로 보는 주역은 생명과학, 컴퓨터공학 등과 융·복합하면서 우주와 인간(소우주)에 대한 해독과 예측을 포함하는 학자들의 탐구욕을 더욱 자극하고 있다. 주역은 만물코드(Code of Everything)다.

중정 주역 16

현대 과학이 만물이론(Theory of Everything)을 만들었다면, 주역은 만물코드(Code of Everything)를 탄생시켰다.

주역을 공부하면 눈이 밝아지는 느낌이 드는데 그것은 관상계사(觀象繫辭)의 덕택이리라.

먼저 괘상을 잘 살피고 나서〔觀象〕괘사와 효사를 음미함〔繫辭〕으로써 권선징악과 사필귀정의 도(道)에 도달하기 때문이다. 주역이 동양철학에서 수천 년 동안 최고의 경전으로 자리매김해 온 이유이기도 하다.

이제 우리도 만물코드의 해독에 나설 때가 되었다.

다행히도 주역은 음양오행의 괘를 만들고 해독까지 완성한 장본인 4명을 저자로 삼고 있다.

즉 64괘를 만든 사람이 복희씨라면, 그 코드를 풀어준 사람은 문왕(괘사), 주공(효사), 그리고 '더도 말고 덜도 말고'의 엄격한 해설과 적용을 강조한 사람이 공자(십익)다.

소성괘인 8괘가 만물을 상징하기는 해도 그것만으로는 보다 복잡한 변화의 세계를 표현할 수 없기에 두 괘가 상하로 겹쳐진 대성괘로 64괘를 완성한 것이다.

예컨대 건은 하늘을 상징하고 손은 바람을 상징한다. 하늘만 있거나 바람만 있어서는 아무런 변화가 일어날 수 없으므로 하늘에 바람이 불어야 변화가 일어난다. 또한 바람이 하늘 위에 부느냐, 하늘 아래에 부느냐에 따라 그 변화 현상은 크게 다르다.

이처럼 괘와 괘끼리 결합해야만 변화가 일어나고 결실이 나타난다. 이것이 역(易)의 구조인 64괘이며, 이에 대한 해설이 바로 주역이다.

한편, 휴먼 게놈프로젝트(HGP, Human Genome Project)가 그 암호해독에 성공하면서 생명과학은 오늘날 바이

<table>
<tr><td colspan="2" align="center">64괘(좋은 괘)</td></tr>
<tr><td>건위천</td><td>용이 승천하는 괘로 가장 길한 괘 중 하나로 꼽는다.</td></tr>
<tr><td>곤위지</td><td>대지의 포용력, 어머니의 사랑을 나타내는 괘</td></tr>
<tr><td>지천태</td><td>음양이 조화를 이루어 만사형통하는 괘</td></tr>
<tr><td>화천대유</td><td>태양이 하늘 위에 있는 형상으로 성대하고 풍요로움을 상징함.</td></tr>
<tr><td>산천대축</td><td>크게 저축함을 나타내는 괘</td></tr>
<tr><td>천화동인</td><td>뜻을 같이하는 사람과 함께 큰 일을 이루는 상</td></tr>
<tr><td>태위택</td><td>즐거움이 겹치는 상</td></tr>
<tr><td>택산항</td><td>유와 강이 서로 조화를 이루어 대통할 운세</td></tr>
<tr><td>풍수환</td><td>물 위에 바람으로 만사가 뜻대로 되는 형상</td></tr>
<tr><td>지풍승</td><td>땅속의 씨앗이 때를 맞춰 성장하는 상</td></tr>
<tr><td>화풍정</td><td>바람 위의 불의 형상으로 크게 발전하는 상</td></tr>
<tr><td>지뢰복</td><td>어려움이 가고 좋은 세상이 돌아오는 상</td></tr>
</table>

<표 3>

오혁명을 이끌고 있다. 향후에는 혈액검사를 통해(예: 64괘 분석 키트) 단백질을 분석함으로써 자동적으로 개인별 괘명이 밝혀지고 시의적절하게 길함을 얻는 맞춤형 처방도 가능할 것이다.

이는 굳이 어렵게 주역을 배우지 않고 점을 치지 않더라도, 피 한 방울로 객관적인 자료에 근거하여 각자의 삶에서 새로운 전기를 마련하고 보다 건강한 사회를 건설하는 데 기여할 것으로 기대된다.

64괘(나쁜 괘)	
천지비	음양의 조화가 되지 않고 꽉 막혀 있음을 나타내는 괘
감위수	험난함이 겹쳐 있는 상태를 나타냄
택풍대과	대과(크게 지나침, 큰 허물)의 이름이 말해 주듯이 너무 지나쳐서 잘못되는 상
천수송	송사(다툼)를 나타내는 괘로 종국에는 좋지 않다.
택수곤	곤란에 빠져 어려움에 처해 있는 상태
수산건	어려움이 앞을 막고 있는 상
산풍고	바람 위의 산의 형상으로 불안과 위험을 안고 있는 상
산지박	소인배로 인해 위험으로 내몰리는 상태를 나타냄
지화명이	시대가 좋지 않아 자신의 재능을 숨기고 살아야 하는 괘
건위산	어려움이 앞을 가로막고 있어 나아가기 어려운 상태
천산돈	자리에서 물러나 은둔생활을 해야 하는 괘
수뢰둔	어려운 시기라 능력을 발휘할 수 없는 상태

<표 4>

하지만 그 날이 오기까지는 여전히 고전적인 해설을 익히는 수밖에 없다. 주역이란 모든 만물이 일정한 법칙을 가지고 순환하면서 변화하는 것을 뜻하기에 전체적으로 좋은 괘도 12가지(표 3), 나쁜 괘도 12가지(표 4)를 포함한다는 사실을 기억해 둘 필요가 있다.

공자는 주역을 매우 사랑해서 친히 해설을 남기고도 '술이부작(述而不作; 전대부터 전해 내려오는 것을 기술했을 뿐 새로운 것을 지어낸 것은 아님)'이라며 겸손의 미덕을 보였다.

그 가르침의 핵심은 더불어 사는 이 세상에서 남과 화목하게 지내지만 자기의 중심과 원칙을 잃지 않고 살아가라는 '화이부동(和而不同)'이다.

이는 '건강 사회'를 추구하는 사회약료의 지향점이기도 하다. 관상계사함으로써 화이부동하라.

중정 주역 17

주역의 서괘전은 64괘의 차례를 설명한 것으로 음양의 변화와 모순의 역동성을 해설한 내용이다.

먼저 첫 번째 건위천괘에서 열 번째 천택이괘까지 서괘전에서 밝힌 이치를 살펴보면 천(건위천·乾父) 지(곤위지·坤母)가 있은 연후에 만물이 생하니 천지간에 가득한 것이 만물이다.

그러므로 둔(屯·양수 속의 장자)괘로 이어받았다. 둔이란 만물이 처음 생긴 것으로 어리기 때문에 몽(蒙)괘로 이어받았다. 만물이 어리면 기르지 않을 수 없고 성장할 때까지 기다리지 않을 수 없으니 수(需)괘로 받았다.

수란 기다리는 음식의 도이고 먹는 것으로 인해 반드시 소송이 발생하므로 송(訟)괘로 이어받았다. 소송은 반드시 무리로 일어나니 사(師)괘로 받았다. 사는 무리로 반드시 따르고 친하는 바가 있기 때문에 비(比)괘로 이어받았다.

비란 따르는 것으로 반드시 쌓임이 있어 소축(小畜)괘로 받았다. 만물은 쌓이고 여유가 있은 연후에야 예의를 알기 때문에 이(履)괘로 이어받았다고 설명하고 있다.

이처럼 앞뒤의 차례는 상호 괘상으로 말미암아 생겨나는 '양적 변화'이고 앞뒤의 상호 반대는 '질적 변화'이다.

주역의 상괘와 하괘는 운동에서 시작하여 운동에서 끝나므로 운동과 변화가 주역 괘상의 순서 중에 반영되어 있다. 그 운동은 음양의 변천이고 모순의 대립이기에 원시적이고 자생적인 변증법적 요소를 담고 있다고 본다.

한편 64괘의 결합방법을 살펴보면 다음과 같다. 첫째, 본괘(本卦)란 간단히 동전으로 하든 정통 방식으로

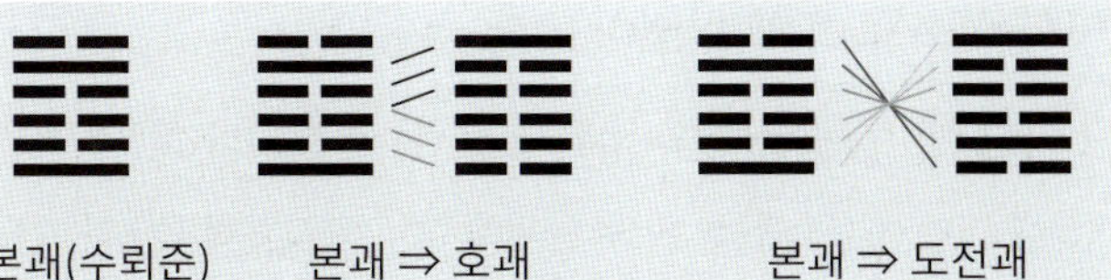

<그림 17>

하든 일차적으로 얻어낸 괘(卦)다.

둘째, 지괘(之卦)란 변괘(變卦)라고도 한다. 본괘에서 특정 효(爻)가 노양(老陽), 노음(老陰)이 될 때에는 양효는 음효로 바꾸고 음효는 양효로 바꾼다. 이렇게 본괘에서 효(爻)가 바뀐 괘를 지괘라고 한다.

셋째, 호괘(互卦)란 초효(初爻)와 상효(上爻)는 무시하고 2·3·4효를 하괘(下卦)로 하고 3·4·5효를 상괘(上卦)로 하여 이루어지는 괘다. 2·3·4효를 내호괘, 3·4·5효를 외호괘라고 한다. 예컨대 수뢰둔·수뢰준(水雷屯)의 호괘는 산지박(山地剝)이 된다(그림 17).

넷째, 도전괘(倒顚卦)는 본래의 괘를 거꾸로 뒤집은 것이다. 자세히 말하면 초효(1효) → 상효(6효), 2효 → 5효, 3효 → 4효, 4효 → 3효, 5효 → 2효, 상효 → 초효이런 식으로 효가 바뀐다.

따라서 수뢰준괘의 도전괘는 산수몽(山水蒙)이 된다 (그림 17). 이는 괘를 반대편에서 본 괘로, 제3자적 입장에서 일의 경과를 살필 때 쓴다.

반대로 건위천(建爲天)괘처럼 본래의 괘(卦)를 거꾸로 하여 도전괘로 해도 본래의 괘와 모양이 같아지는 괘를 부도전괘(不倒顚卦)라고 한다. 부도전괘는 상괘와 하괘와 같은 괘로 모두 8괘가 있다. 건위천, 곤위지, 감위수, 이위화, 진위뢰, 간위산, 손위풍, 태위택 괘가 이에 해당한다.

다섯째, 배합괘(配合卦)는 여섯 효 모두 각각 반대되는 음양효로 바꾸어 만든 괘다. 괘의 음양이 모두 바뀐다 하여 전변괘(全變卦)라고도 하며 일명 '배우자괘'라고 한다.

배우자란 나도, 너도, 그리고 그들도 아닌 나에게는 안팎으로 반대만 일삼는 제일 어려운 존재다.

역(易)에서 아내는 재물에 속하기도 하지만 항상 나의 견제 대상이 된다.

예컨대 풍뢰익(風雷益)은 지금까지 노력했던 일들이

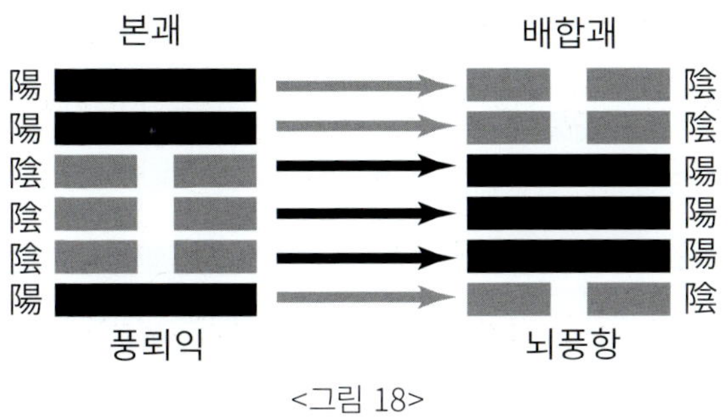

<그림 18>

결실을 맺으니 적극적으로 일을 추진하면 큰 이익을 얻을 수 있다고 말한다.

그러나 배우자에게 물으면 결코 더 이상의 추진은 위험하니 뇌풍항(雷風恒)적으로 변함없이 한결같은 마음으로 지금과 같이만 하자고 할 것이다(그림 18).

즉 사업이란 배우자를 이해시키는 것이 그 첫째이다. 사업에서 아내는 여자이기 전에 나의 적이기도 하고 재물이기도 하므로 명리학에서 처(妻)를 처재(妻財)라 하는 까닭이 바로 여기에 있다.

이처럼 음양의 재질이 바뀜으로 인한 변화를 살필 때 쓰인다. 본괘에서 배합괘로 바뀌었다면, 본괘의 성질을 내재하면서 겉으로는 배합괘의 성질로 행동하는 것을

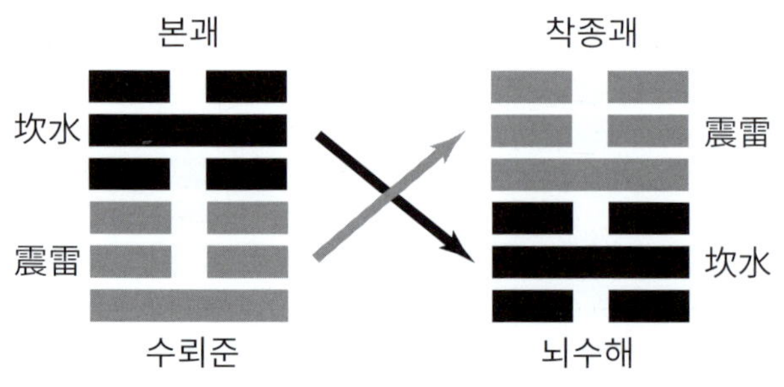

<그림 19>

뜻한다.

여섯째, 착종괘(錯綜卦)는 상괘와 하괘의 위치를 거꾸로 바꾼 것을 말한다. 이는 상하의 위치가 바뀜으로 인한 변동을 살필 때 쓴다. 나와 너의 입장을 바꿔서 생각해 보는 괘이기에 상대의 입장과 나의 입장을 바꾸어서 판단해 보는 것이다.

즉 채권자가 나이고(體), 채무자가 상대(用)일 경우 돈을 회수할 수 있을까를 판단할 때 본괘의 상하 소성괘를 바꾸어 판단해 보면 상대가 변재할지를 유추해 낼 수가 있다.

예컨대 수뢰준(水雷屯)괘의 착종괘는 '수'괘와 '뇌'괘를 바꾼 뇌수해(雷水解)다(그림 19).

결론적으로 주역점을 칠 때 본괘(本卦)와 동효(動爻)에 따른 지괘(之卦)만으로 현상을 파악하나, 도전괘(倒顚卦)는 상호 연계된 이면(裏面)의 내용이나 다른 내용이 함축되어 있다. 호괘(互卦)는 내포된 의미(진행과정에서 일어나는 내부적 변화, 갈등), 배합괘(配合卦)는 상반된 위치 상황, 착종괘(錯綜卦)는 내외의 위치 변경 등을 살필 때 주로 쓰인다.

따라서 본괘로부터 변화된 변괘 등을 파악하지 않고는 전체적인 상황을 파악하고 있다고 말할 수 없다.

계사하전(繫辭下傳) 9장에 "일의 존망과 길흉(吉凶)을 알려면 움직여 경험해 보지 않고도 알 수 있어 일의 성패를 예견할 수 있다"는 것은 바로 괘(卦)의 변화를 두고 한 말이다.

주역은 64괘다. 중첩된 괘의 변화로 슈뢰딩거의 고양이처럼 수시변역을 읽는 것이다.

중정 주역 18

무술년의 새해가 밝았다. 새해를 맞이하여 주역에 관심을 가진 모든 이에게 최고의 괘를 선물하고자 한다. 그것은 '지산겸괘(地山謙卦)'다(그림 20 참조).

주역 64괘의 모든 괘에는 음(陰)이 있으면 양(陽)이 있고 화(禍)가 있으면 반드시 복(福)이 있다. 무상(無常), 변하지 않는 것은 아무것도 없다는 것이 주역사상의 핵심이다.

그럼에도 지산겸괘에는 유일하게 길함은 나타나지만 흉함이 나타나지 않는다. 즉 복은 있지만 화는 없다.

따라서 이 괘에 있는 사람은, 즉 성인지도를 따르고자

<그림 20>

마음먹은 사람은 반드시 운세가 좋다는 뜻이므로 새기고 간직해 둘 만하다.

그 이치를 주역의 괘상, 괘사, 효사, 그리고 십익을 들어 소개한다. 참고로 이런 형식으로 64괘를 모두 풀어 엮은 것이 만물코드이자 주역이라는 불후의 명작이다(예: 출판사 글항아리의 2016년판 2쇄 주역은 총 1302쪽의 분량임).

여기서 십익이란 새의 날개처럼 돕는 열 가지라는 뜻으로 단전(象傳) 상·하편, 상전(象傳) 상·하편, 계사전(繫辭傳) 상·하편, 문언전(文言傳)·설괘전(說卦傳)·서괘전(序卦傳)·잡괘전(雜卦傳)을 말한다.

따라서 각 괘와 효마다 '단왈' 혹은 '상왈'로 표기된 것은 공자의 해설을 뜻한다. 이로써 우리는 만물의 원리, 즉 건곤지도와 이간지도를 분명하게 파악할 수 있게 되었다.

한편 공자는 여기에 결코 함부로 가감하지 말 것을 엄하게 경계하면서 그 이치를 풀어주는 대신 후학들의 '자유도(degree of freedom)'를 묶어 버렸다.

첫째, 괘상을 보면 내괘(아랫쪽 소성괘)는 산으로 지(止)하여 있고 외괘(윗쪽 소성괘)는 지(地)가 순하게 있어 땅 아래에 산이 들어가 있는 형국이므로, 안으로 머물러 있으면서 밖으로는 유순한 것이 겸손을 의미한다.

둘째, 문왕의 괘사는 다음과 같이 한 줄로 간단하다.

겸(謙)은 형(亨)하니 군자(君子)ㅣ 유종(有終)이니라.
겸은 형통하니 군자는 유종의 미가 있느니라.

이 괘사에 대한 십익은 다음과 같이 찬술되어 있다.

단왈(彖曰) 겸형(謙亨)은 천도(天道)ㅣ 하제이광명(下濟而光明)하고 지도(地道)ㅣ 비이상행(卑而上行)이라.
단에 가로되 겸형(謙亨)은 하늘의 도가 아래로 내려와 만물을 낳아 광명하고, 땅의 도가 낮은 데서 하늘의 도에 호응하여 위로 올라감이라.

천도(天道)는 휴영이익겸(虧盈而益謙)하고 지도(地道)는 변영이유겸(變盈而流謙)하고

하늘의 도는 가득 찬 것을 이지러지게 하며 겸손한 데는 더하고, 땅의 도는 가득 찬 것을 변하게 하며 겸손한 데로 흐르고

귀신(鬼神)은 해영이복겸(害盈而福謙)하고 인도(人道)는 오영이호겸(惡盈而好謙)하나니

귀신은 가득 찬 것을 해롭게 하며 겸손함에는 복을 주고, 사람의 도는 가득 찬 것을 미워하며 겸손한 것을 좋아하나니

겸(謙)은 존이광(尊而光)*하고 비이불가유(卑而不可踰)ㅣ니 군자지종야(君子之終也)ㅣ라.

겸은 높아도 빛나고 낮아도 넘지 아니 하니 군자의 마침이라.

상왈(象曰) 지중유산(地中有山)이 겸(謙)이니 군자(君子)ㅣ 이(以)하야 부다익과(裒多益寡)하야 칭물평시(稱物平施)하

---

* 존이광: 상대를 높임으로써 내가 빛이 나는 모습

나니라.

상에 가로되 땅 가운데 산이 있는 것이 겸이니, 군자가 이로써 많은 것을 덜어 적은 데에 더해 물건을 저울질하여 베풂을 고르게 하느니라.

셋째, 주공의 효사는 다음과 같다. 참고로 맨 아래의 효인 초육(음부호는 6, 양부호는 9로 표현. 시작을 의미함)부터 맨 위의 효인 상육(끝을 의미함)까지 차례로 상술되어 있다.

기본적으로 이효(내괘의 가운데)는 군자, 오효(외괘의 가운데)는 성인을 뜻한다. 초효·삼효·사효·상효는 군자라는 '인격체'가 된다. 필수인 인·예·의·지의 4덕을 나타내기에 벼이삭이 익을수록 고개를 숙이는 이치가 마침내 눈에 들어온다.

초육(初六)은 겸겸군자(謙謙君子)ㅣ니 용섭대천(用涉大川)이라도 길(吉)하니라.

초육은 겸손하고 겸손한 군자이니 큰 강을 건너더라도 길하니라.

상왈(象曰) 겸겸군자(謙謙君子)는 비이자목야(卑以自牧也)ㅣ라.

상에 가로되 겸겸군자(謙謙君子)는 내 몸을 낮추어 스스로 기르느니라.

육이(六二)는 명겸(鳴謙)이니 정(貞)코 길(吉)하니라.

육이는 울리는 겸이니 정하고 길하니라.

상왈(象曰) 명겸정길(鳴謙貞吉)은 중심득야(中心得也)ㅣ라.

상에 가로되 명겸정길(鳴謙貞吉)은 중심을 얻음이라.

구삼(九三)은 노겸(勞謙)이니 군자(君子)ㅣ 유종(有終)이니 길(吉)하니라.

구삼은 수고하면서도 겸손함이니, 군자가 마침이 있으니 길하니라.

상왈(象曰) 노겸군자(勞謙君子)는 만민(萬民)의 복야(服也)ㅣ라.

상에 가로되 노겸군자(勞謙君子)는 모든 백성이 복종함이라.*

육사(六四)는 무불리휘겸(无不利撝謙)이니라.

육사는 겸손을 발휘하니 이롭지 않음이 없느니라.

상왈(象曰) 무불리휘겸(无不利撝謙)은 불위칙야(不違則也)
ㅣ라.

상에 가로되 무불리휘겸(无不利撝謙)은 법칙에 어긋나지
않음이라.

육오(六五)는 불부이기린(不富以其隣)이니 이용침벌(利用侵
伐)이니 무불리(无不利)하리라.

육오는 부하지 아니하고 그 이웃으로서 함이니, 이로써 침벌
함이 이로우니 이롭지 않음이 없으리라.**

---

* 공로가 있으면서도 겸손하는 군자는 모든 백성이 복종할 것이다.

** 부유한 자에게 사람들이 모여드는 것이 아니고, 덕의 감화를
받아서 모여든다.
　임금은 부자가 아니더라도 그 이웃이 있으니, 불복하는 자가
있으면 정벌을 하여 치는 것이 이롭다.

상왈(象曰) 이용침벌(利用侵伐)은 정불복야(征不服也)ㅣ라.

상에 가로되 이용침벌(利用侵伐)은 복종치 않는 것을 치는 것이라.

상육(上六)은 명겸(鳴謙)*이니 이용행사(利用行師)하야 정읍국(征邑國)이니라.

상육은 우는 겸이니, 이로써 군사를 행하여 읍국**을 침이 이로우니라.

상왈(象曰) 명겸(鳴謙)은 지미득야(志未得也)ㅣ니 가용행사(可用行師)하야 정읍국야(征邑國也)ㅣ라.

상에 가로되 명겸(鳴謙)은 뜻을 얻지 못함이니, 가히 이로써 군사를 행하여 읍국을 침이라.

요컨대 효사를 현대 언어로 정리하면 다음과 같다.

1효가 변하거나 주가 될 때 : 겸손해야만 곤란을 벗

---

* 명겸: 겸손의 덕이 축적이 되어 그 아름다운 덕이 세상 밖으로 울려 퍼지는 것

** 읍국: 내가 살고 있는 나라. 내 자신, 내란을 치는 것

어난다.

2효가 변하거나 주가 될 때 : 겸손하면 저절로 남들이 알아준다.

3효가 변하거나 주가 될 때 : 예의를 갖추면 모두가 따라 준다.

4효가 변하거나 주가 될 때 : 모두에게 겸손하니 길하다.

5효가 변하거나 주가 될 때 : 의롭게 행동하여 나쁜 일을 막으니 길하다.

6효가 변하거나 주가 될 때 : 더욱 더 자신을 다스린다.

주역은 과학을 두려워하지 않고 과학은 주역을 외면하지 않는다. 아인슈타인이 통일장 이론의 완성을 위해 애쓰던 말년, 그의 머리맡에는 늘 주역이 놓여 있었다.

오늘날 현대 과학의 만물이론(Theory of Everything)은 주역(Code of Everything)이 담아낸 1302쪽 분량의 '지구중심의 막'이 여분으로 몇 개 더 평행하게 존재하기에 총 11차원의 우주가 된다고 가정한다.

우주 안에 군자와 소인은 따로 있는 것이 아니고 그 사람의 언행, 겸손, 품격 여하에 따라 도덕적 인간인 군자도 되고 소인도 되는 것이다. 인간관계를 '리스펙트'함으로써 존이광(尊而光)하라.

혼탁하고 어지러운 세상에서, 만물원리를 따름으로써 사람을 사람답게 그리고 사회를 건강하게 만드는 이것이 중정지도(中正之道)다.

"인류를 아름답게 사회를 건강하게!"

중정 주역 19

송시열(宋時烈, 1607~1689)은 조선 후기의 권신으로 성리학의 거두였다. 27세 때 생원시(生員試)에서 출제된 문제가 '일음일양지위도(一陰一陽之謂道)'였고 이에 대한 논술로 그가 장원급제하였다.

이때부터 학문적 명성이 널리 알려졌고 2년 뒤인 1635년에는 봉림대군(鳳林大君: 후일의 효종)의 사부(師傅)로 임명되어 약 1년간의 사부 생활로 효종과 맺은 깊은 유대는 비록 부침이 심했으나 그가 후에 권신이 되는 계기가 되었다.

여기서 '一陰一陽之謂道'는 『주역』 계사상전 제5장

에 나오는 구절이다. 음과 양은 고정되어 있지 않고 계속 변하므로(양을 +1, 음을 - 1의 양극으로 삼으면 그 사이에서 무한히 반복적으로 움직이는 파동으로 볼 수 있음), 이것이 순환의 질서를 만들어 내는 주역의 철학적 대명제를 가리킨다.

이 문제를 우암은 동양철학적으로 풀었으나 오늘날엔 수학적으로, 즉 허수가 들어 있는 오일러의 공식($e^{ix} = cosx + isinx$)으로 풀 수 있다.

왜냐하면 허수는 크기가 아닌 상태를 나타내기에(원형이정 내지는 동서남북 4방위에서 $90°$의 위상차로 돌아가면서 제곱하면 음과 양이 교대로 표현되는 상태방정식임), 일음일양지위도는 주역 64괘가 중첩되어 슈뢰딩거의 고양이처럼 만물의 상태를 시의적절하게 표현해내는 것을 말한다(괘의 결합 방식과 변화는 이미 소개했음).

나아가, 그 세밀한 변화 상태와 움직임은 384효를 통해 관찰이 가능하고 그 상태를 판단하는 법이 바로 '중·정·응·비'다.

이를 구체적으로 소개하면 다음과 같다. 첫째, '중'이란 하괘의 중효와 상괘의 중효를 말한다. 즉 여섯 위에서 볼 때 2위와 5위를 중이라 하고 이 위를 얻음을 '득중'이라 한다.

세상 이치와 인간의 덕성은 중용의 도를 얻음을 최상으로 하며, 주역에서도 중을 얻음을 가장 좋게 평가하고 있다.

둘째, '정'이란 음 자리에 음효가 놓이고 양 자리에 양효가 놓인 상태를 말한다. 초·삼·오는 기수(양수)이므로 양위가 되고, 이·사·상은 우수(음수)이므로 음위가 된다.

양위에 양효가 놓이고 음위에 음효가 놓임은 바름을 얻었다는 뜻으로 '득정', 바른 자리를 얻었다는 뜻으로 '득위', 마땅한 자리를 얻었다는 뜻으로 '당위'라 한다.

이와는 반대로 양위에 음효가 놓이고 음위에 양효가 놓임을 '실정 또는 부정, 부득위 또는 실위, 부당위'라 한다.

셋째, '응'이란 대성괘의 여섯 효에서 하괘의 첫 효인 초효와 상괘의 첫 효인 사효, 하괘의 둘째 효인 이효와 상괘의 둘째 효인 오효, 하괘의 셋째 효인 삼효와 상괘의 셋째 효인 상효가 서로 짝을 지어 응함을 말한다.

이 관계가 음과 양으로 응하면 이를 '정응 또는 합응'
이라 한다. 양과 양, 음과 음으로 대치된 경우를 '적응
또는 아응'이라 한다. 이는 주역의 음양사상을 표현한
것이라 볼 수 있다.

넷째, '비'란 서로 이웃한 효끼리의 관계를 말한다. 이
경우에도 음양의 이치로 판단하게 된다. 즉 양효와 음
효가 서로 이웃한 것을 '상비'라고 한다. 응 관계는 정당
한 짝으로 합하는 것이고, 비일 경우는 단순히 도울 뿐
이지 정당한 짝이 아닌 경우를 말한다.

삼라만상의 자연현상은 한마디로 한번 양하고 한번
음하는 과정의 순환이라고 할 수 있다.

현재 우암사적공원은 대전에 있다. 공원 담벼락에 붙
어 있다는 우암의 모범답안을 오일러의 공식과 대조해
보고 싶다.

내 뜻이 아닌, 하늘의 뜻으로 실천해 나가는 중정지
도(中正之道)에는 슈뢰딩거의 고양이와 오일러의 공식이
모두 살아 있기에….

중정 주역 20

주역이라는 숲 속에는 두 갈래의 길이 있다. 우리는 이제 주역을 '역학'의 경전으로 보고 올라가는 길과 '역술'의 점서로 보고 내려가는 길의 분기점에 도착했다.

물론 공자는 윗길을 택했다. 즉 주역에서 가장 논란을 불러일으키는 곳이 바로 계사상편 9장이다.

이 9장은 4절(천지지수, 대연지수, 건곤책수, 만물지수)로 구성되어 '하늘의 뜻'을 수로 표현하고 있다.

첫째, 천지지수의 원문은 다음과 같다.

天一, 地二, 天三, 地四, 天五, 地六, 天七, 地八,
天九, 地十. 天數五, 地數五, 五位相得, 而各有合.
天數二十有五, 地數三十, 凡天地之數五十有五. 此
所以成變化而行鬼神也.

먼저 天一, 地二, 天三, 地四, 天五, 地六, 天七, 地
八, 天九, 地十으로, 하늘의 수는 1이고, 땅의 수는 2
이며, 하늘의 수는 3이고, 땅의 수는 4이며, 하늘의 수
는 5요, 땅의 수는 6이며, 하늘의 수는 7이고, 땅의 수
는 8이요, 하늘의 수는 9이며, 땅의 수는 10이다(하늘의
수는 1·3·5·7·9, 땅의 수는 2·4·6·8·10).

다음으로 天數五, 地數五, 五位相得, 而各有合,
하늘의 수가 다섯이요, 땅의 수가 다섯이니, 다섯 위
가 서로 맞으며 각각 합함이 있으니 天數二十有五 地
數三十(천수이십유오 지수삼십)로 천수는 25요, 지수는
30이다.

왜냐하면 1+3+5+7+9=25, 2+4+6+8+10=30
이기 때문이다. 또한 凡天地之數五十有五(범천지지
수오십유오), 무릇 하늘땅의 數는 55이다. 왜냐하면

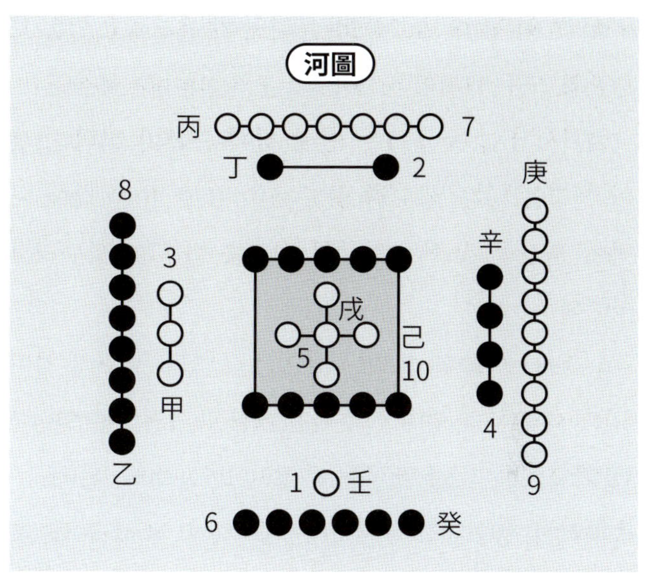

<그림 21>

1+2+3+4+5+6+7+8+9+10=55이기 때문이다.

그리고 차소이성변화이행귀신야(此所以成變化而行 鬼神也), 이것이 변화를 이루어 신묘한 작용을 행하는 것이다.

그런데 이 내용을 근본적으로 이해하려면 하도수로 돌아가야 한다. 〈그림 21〉과 같이 하도를 살피면 1(하) ·2(상)·3(좌)·4(우)·5(중)의 수가 안에 있고, 그 밖에

6(하)·7(상)·8(좌)·9(우)·10(중)의 수가 둘러싸고 있는 모습으로 모두 55점이다(하얀 점은 홀수, 검은 점은 짝수임).

여기서 1·2·3·4·5는 안에 있어 근본이 되니 만물의 생명을 낳는 '생수'라 하고, 6·7·8·9·10은 밖에 처하여 형상을 갖추니 만물의 형체를 이루는 '성수'라고 이른다.

6·7·8·9·10의 성수는 1·2·3·4·5의 생수에 각기 5(중궁의 생수)를 얻어 이루어진 것으로, 1은 5를 얻어 6이 되고, 2는 7, 3은 8, 4는 9, 그리고 5는 10이 된다.

따라서 생수 1·2·3·4·5는 성수 6·7·8·9·10을 낳는 체가 되며, 성수 6·7·8·9·10은 생수 1·2·3·4·5를 이루는 용이 되니, 생수를 기본수(선천수) 성수를 작용수(후천수)라고도 한다.

또 하도와 낙서를 비교할 때는 하도의 전수인 55가 선천수가 되고, 낙서의 전수인 45가 후천수가 된다.

한편 기와 우(홀수와 짝수)의 관계로 볼때 홀수(1·3·5·7·9)는 불안정하여 움직이므로 양수 또는 천수에 해당하며, 짝수(2·4·6·8·10)는 짝으로 어울려 안정된 상태로 그쳐 있으므로 음수 또는 지수에 속한다.

천수가 다섯 가지이며 지수가 또한 다섯 가지이니 천수의 합은 25(1+3+5+7+9)이며, 지수의 합은 30(2+4+6+8+10)이므로 천지의 총수는 55이다.

이때, 그 수가 전개 배열되는 것이 1·2와 3·4와 5·6과 7·8과 9·10으로 천지의 수가 서로를 얻음이 있고, 1·6과 2·7과 3·8과 4·9와 5·10으로 천지의 수가 각기 배합함으로써 변화의 묘용을 이루고 귀신의 조화를 이룬다는 말이다.

나아가, 삼천양지와 사상수를 상술하면 다음과 같다. 생수인 1·2·3·4·5는 수의 기본(체)으로 역의 모든 수리가 이를 의지하여 나온다.

생수 가운데 천수가 1·3·5이며 지수가 2·4로 천수는 셋, 지수는 둘이니 이를 '삼천양지'라고 부른다. 삼천을 합하면 9(1+3+5)가 되고 양지를 합하면 6(2+4)이 되므로, 양은 9로 음은 6으로 대표한다(구육지학).

하도와 낙서는 모두 5로 중앙의 중심체를 삼으니, 이 5가 분화하여 3과 2가 되는 것이 '삼천양지'라고 할 수 있다. 사상의 위와 수로 볼 때, 1이 노양수인 9를 거느려 체수(이수) 10으로 합하니 노양위가 1이며, 4가 노음수인 6을 거느려 10으로 합하니 노음위가 4이다.

노양위인 1과 노음위인 4는 부모의 위에 해당하니 노양이 소음을 생하는 원리에 따라 1은 나아가 소음위인 2를 낳고(2는 소음수인 8을 거느려 10으로 귀합하니 소음위에 해당), 4는 물러나 소양위인 3을 낳으니(3은 소양수인 7을 거느려 10으로 귀합하니 소양위에 해당) 소양위인 3과 소음위인 2는 곧 자녀의 위에 속한다.

즉 사상의 위로 소양위인 3과 소음위인 2가 '삼천양지'의 수가 되는 것이다. 이를 정리하면 다음과 같다.

* 사상의 위와 수

1(노양위) + 6(노음수) = 수

2(소음위) + 7(소양수) = 화

3(소양위) + 8(소음수) = 목

4(노음위) + 9(노양수) = 금

5(연모) + 10(연자) = 토

이를 통해 미루어 보면 하도 5행은 음양으로 수와 위를 합함이 나타난다.

즉 노양위인 1은 노음수인 6과 합하여 수를 생성하며, 소음위인 2는 소양수인 7과 합하여 화, 소양위인 3은 소음수인 8과 합하여 목, 노음위인 4는 노양수인 9와 합하여 금을 각기 생성한다.

중앙의 5는 실(체)한 수로서 자화하여 허(용)한 10과 합하여 토를 생성하니, 이 5와 10으로 말미암아 모든 조화가 일어나게 된다는 것이다.

중정 주역 21

계사상전 9장 둘째 절, 대연지수의 원문은 다음
과 같다.

大衍之數五十, 其用四十有九. 分而爲二以象兩.
掛一以象三. 揲之以四以象四時. 歸奇於扐以象
閏, 五歲再閏, 故再扐而後掛. 天數五, 地數五, 五
位相得而各有合.

먼저 대연지수오십(大衍之數五十), 기용사십유구(其用
四十有九). 대연지수(大衍之數: 천지음양 변화를 추측하는 데 사용하는 수)는 50인데, 사용하는 시초의 수는 49이다.

분이위이이상량(分而爲二以象兩), 괘일이상삼(掛一以象三). 이것을 둘로 나누어 兩儀(양의)를 상징하고, 하나를 걸어서 三才(삼재)를 상징한다.

설지이사이상사시(揲之以四以象四時). 네 개씩 덜어내서 사계절을 상징한다.

귀기어륵이상윤(歸奇於扐以象閏), 오세재윤(五歲再閏). 남은 시초를 하나로 합하여 륵에 돌려 윤달을 형상하니, 5년 만에 다시 윤달이 되므로.

고재륵이후괘(故再扐而後掛). 천수오(天數五), 지수오(地數五). 따라서 거듭 꼽아 뒤에 건다. 하늘의 수(홀수)가 다섯이고 땅의 수(짝수)가 다섯이며.

오위상득이각유합(五位相得而各有合). 다섯이 서로 맞물려 합해진 결과의 수이다.

이 부분을 보다 자세히 살펴보면 대연(大衍)이란 역점을 칠 때 50개의 시초를 셈하여 점을 치는 주역 점을 말한다. '연(衍)'은 넓힌다는 뜻이니 주역 점을 칠 때 시초 50개를 세어 나가면서 점차 전개해 펼쳐 나가므로 '크게 넓힌다'는 뜻의 대연(大衍)이라 한 것이다.

즉 설시법(揲蓍法)은 시초풀을 센다는 뜻인데 시초풀은 오늘날 톱풀이라고 한다. 또 시초 대신 서죽 혹은 산가지라고 하는 대나무를 얇게 다듬어서 사용해도 좋다.

근본적으로 하도수(55)와 낙서수(45)를 합한 수(100)를 둘로 나눈 수(50)를 대연지수로 보고 태극을 상징하는 시초를 하나 빼어둠으로써 실제로는 49개를 사용한다.

태극은 세계의 근원으로서 변동하지 않는 것이라고 규정되기 때문이다(추측에 변수로 작용하지 않음). 한편 분이위이이상양(分而爲二以象兩)의 양(兩)은 '양의(兩儀)'를 말하며 '양의'란 곧 천지(天地: 음양)를 말한다.

천지(天地)의 천(天)은 위에 있는 것이고 지(地)는 아래에 있는 것이니 점을 칠 때 시초를 양의(兩儀)로 나눈 뒤 왼쪽은 상(牀)의 위쪽에 가로로 놓아 하늘(양)을 상징하고 오른쪽은 상 아래쪽에 가로로 놓아 땅(음)을 상징한다.

'괘일이상삼(掛一以象三)'의 괘(掛)는 '걸다'는 뜻이고 삼(三)은 '천(天), 지(地), 인(人)'의 삼재(三才)를 뜻한다.

하늘을 상징하는 위에 놓아둔 시초더미에서 하나를 뽑아서 하늘과 땅 사이에 세로로 놓아두는 것을 말한다.

그 다음 '귀기어륵이상윤(歸奇於扐以象閏)'이라는 구절에서 문제가 되는 것이 扐(손가락 사이 륵·늑)자이다. 마융, 우번, 주자가 륵(扐)을 '손가락 사이'에 끼우는 뜻이라 했고, 이에 모든 역자(易者)들이 이 설을 따랐다.

그런데 고형(高亨)이 지금까지의 견해를 뒤집었다. "扐(늑)은 肋(갈빗대, 옆구리)의 가차자이며 이것은 걸어놓은 한 개의 시초 양쪽 부분을 말하는 것이다. 만약 나머지 시초를 손가락 사이에 끼운다면 다시 시초를 셈할 수 없으니 이 주장은 잘못되었음을 알 수 있다"고 했다.

사실 십팔변서로 점을 쳐보면 손가락 사이에 점대를 끼우고서는 시초를 세기가 어렵다는 것을 알 수 있다. '오세재윤(五歲再閏)'이란 말은 동양역법에서 나온 것이다.

서양 달력(양력)은 큰 달이 31일 작은 달이 30일로 4년에 한 번씩 윤달이 생긴다. 하지만 동양 달력(음력)은 큰 달이 30일 작은 달이 29일로 1년에 12일이 남아 2년

이면 24일, 2년 6개월이면 30일이 남으니 윤달이 든 해의 1년은 13개월이 된다. 따라서 5년에 윤달이 두 번이 드는 '오세재윤(五歲再閏)'이 되는 것이다.

시초를 셀 때 상 위쪽의 시초에서 한 개를 덜어서 천지(天地) 사이에 세로로 세워두고 네 개씩 덜어내다가 남은 시초를 왼쪽에 모아두고, 마찬가지로 상 아래쪽 시초를 네 개씩 덜어내다가 남은 시초를 세로로 걸어둔 한 개의 시초 오른쪽에 모아 두어 5년에 두 번 드는 윤달을 상징한다는 것이다.

그런 뒤 세로로 걸어둔 한 개의 시초 오른쪽과 왼쪽에 모아 놓은 시초를 합하여 위·아래·가로로 놓아둔 시초 사이에 세로로 걸어(세워) 놓으면 이것으로 본서법(本筮法; 18변서법)의 제 1변이 끝난다.

이렇게 1변이 끝나고 세로로 놓아둔 시초를 모두 합하면 그 수는 다섯 개가 아니면 아홉 개가 된다. 5개를 얻었다면 '49-5=44'가 되거나 9개를 얻었다면 '49-9=40'이 된다.

즉 1변이 끝나고 남은 시초는 44가 아니면 40이 된다. 이 남은 시초를 가지고 1변과 똑같은 방법으로 시초

를 셈하면 1변에서 남은 것보다 하나가 작은 4 아니면 8
의 시초를 얻게 된다.

4 혹은 8을 1변에서 남은 시초수에서 빼면 40, 36, 32
의 숫자 중 하나가 된다. 이로써 2변이 끝난다. 2변이 끝
나면 똑같은 방법으로 시초를 셈하는데 끝나고 남은 시
초를 모두 합하면 그 수는 4 아니면 8이 된다.

이 중 얻은 수(4 또는 8)를 2변에서 남은 시초수(32나
혹은 36, 40)에서 빼면 얻어지는 시초의 수는 결국 24,
28, 32, 36개 중 하나를 얻는다. 이것이 제 3변이다.

이때 남은 수가 36이면 시초를 네 개씩 9번 덜어낸 수
이니 9이고 9는 노양(老陽)이며 변하는 양효(陽爻)이다.
32이면 시초를 4개씩 8번 덜어낸 수이니 8이고 8은 소
음(少陰)이며 변하지 않는 음효(陰爻)이다. 28이 남았으
면 시초를 4개씩 7번 덜어낸 수이니 7은 소양(少陽)이
고 변하지 않는 양효(陽爻)이다. 24개가 남았으면 시초
를 4개씩 6번 덜어낸 수이니 6이고 6은 노음(老陰)이고
변할 수 있는 음효(陰爻)이다.

이와 같이 3변을 하여 한 개의 효(爻)를 얻고(삼변성
효), 여섯 효를 얻어야 비로소 하나의 대성괘(大成卦)가

만들어지니, 여섯 효를 얻기 위해서는 18번을 변해야 하기 때문에 본서법을 18변서라고 하는 것이다(6효 중괘의 형성방법).

결국 계사상편 9장의 두 번째 절을 요약하면, 대연지수는 50이나 사용하는 것은 49로써 둘로 나눠 양의로 삼으며, 하나를 손가락에 끼워 삼재로 삼고, 4개씩 세는 것을 사철로 삼되 나머지를 손가락에 끼워 윤달로 삼는다.

5년에 윤달이 두 번 들기 때문에 이 절차를 두 번 반복한 후 괘를 만든다는 뜻이다. 주역을 '구육지학'이라고 부르는 이유는 원래 하도에서 유래한 성수인 6·7·8·9만이, 즉 1에서 10까지 중에서 10을 기준으로 보면, '구에서 육까지'의 수들만이 괘(6효)를 만드는 과정에 사용되기 때문이다(생수 1~5는 해당사항이 없고 자리〔位〕만 차지하므로 '미생'이고, 10은 체이므로 체수불용의 원칙에 따라 역시 해당사항이 없음).

예컨대, 삼변성효로 얻은 수가 9면 노양(양이 꽉 차 있으므로 일음일양지위도의 원리대로, 달도 차면 기울 듯이 변화 가능함), 6이면 노음(음이 꽉 차 있으므로 일음일양지위도의 원리대로 역시 변화 가능함), 7이면 소양(홀수는 양인데 사상으로는 노양(9)이 아니므로 소양일 수밖에 없고 꽉 차 있지 않으므로 불변함), 8이면 소음(짝수는 음인데 노음(6)이 아니므로 소음이고 꽉 차 있지 않으므로 불변함)의 특성을 가진 숫자인 셈이다.

이와 반대로 이미 괘의 6효가 정해져 있을 때, 초효가 양효이면 초 9, 음효이면 초 6 등으로 읽어줌으로써 괘의 효는 '9(양) 아니면 6(음)의 미학'이 되는 것이다.

근자에 모 연예인은 고깃집 브랜드로 678(육칠팔)을 사용했다. 6789까지 썼더라면 하는 아쉬움이 있다.

아름답다, 구육지학의 주역이여!

중정 주역 22

주역은 난해한 만큼 하나하나가 새롭기도 하거니와 인생을 어느 정도 안다고 자부하는 중장년에게 보다 넓고 깊은 안목을 열어주는 좋은 친구다.

직접 경험해 보니 주역을 알 때와 모를 때의 차이는 젊은 시절의 사랑에 대한 사전(before)과 사후(after)의 차이만큼 크다.

작년 벽두에 막연하게 하늘에 걸어놓은 슬로건이 '인류를 아름답게, 사회를 건강하게'였다.

나름대로 멋진 인생은 그 이상과 비전(예: '인간성 회복과 건강사회')을 향해 도전하면서 한계를 스스로 극복해 나아가는 삶이라고 생각했다. 올해 그 슬로건은 그대로 중정지도(中正之道)가 되었다.

주역은 약 3800년 전 하늘의 뜻을 먼저 자각한 성인(聖人)이 하늘의 뜻이 이 땅에서도 이루어지기를 염원하며 설파한 책[乾坤之道]이다.

따라서 하늘은 자연의 천(天)이 아니라 인격성이 부가된 건(乾)으로 늘 살아있기에, 주역(역경)이 이상과 비전을 드높여 달려 나가는 사람을 역경(한계)에서 벗어나도록 도와준다[避凶趨吉].

따지고 보면 하늘이 돕지 않는 한 인간이 홀로 할 수 있는 일은 없다. 주역은 1부터 10까지의 간단한 수를 가지고 천지인(3재)의 관점에서 하늘 10, 땅 1, 그리고 사람 5로 찍어 말한다.

즉 하도의 극수는 10으로 선천[體]의 이치가 있고, 낙서의 극수는 9로서 후천[用]으로서의 이치가 나타나는데, 이는 마치 뱃속에 있을 때는 열개의 구멍이 있으나, 태어나서는 배꼽이 막혀 아홉 개의 구멍으로 살아가는 이치와 같다.

하도와 낙서의 중앙을 보아도 하도는 10[母]의 품속

에 5〔子〕가 들어 있어 태중에 아기가 있는 상이라면, 낙서는 모체인 10으로부터 벗어나 자(子)인 5가 스스로 독립된 주체로 활동하는 상이다.

특히 하도의 총수 55와 낙서의 총수 45를 합하여 100을 이루며, 합하여 둘로 나누면 50의 대연지수가 된다. 이 대연지수를 모체로 하여 '만물'이 나오며 '역'의 근원도 이로 말미암으니, 시초(주역점에서 괘를 뽑을 때 사용하는 댓가지로 모두 50개임)의 이치도 50의 대연지수에 의거하는 것이다.

즉 50은 하도 오십을 '대연'한 수이며(5×10=50, 사람과 하늘의 상호작용을 상징함), 낙서 중앙 십오를 '도전'한 신의 한 수다(십오를 반대로 읽으면 오십이 됨).

선천과 후천을 대연지수로 비교하면 하도의 55는 50의 대연지수보다 5가 많으니 기영(氣盈)의 이치이고, 낙서의 45는 오히려 5가 적으니 이는 삭허(朔虛)의 이치이다.

일월의 운행 이치도 이러한 기영과 삭허로 말미암아 모든 일이 손익 가운데 이루어지니 가득 차면 줄어들고, 비워지면 차오르게 마련인 것이다(일음일양지위도).

하도는 기영(+5)하니 어머니(10) 품속에서 어린 생명 (5)이 출산하는 과정이며, 낙서는 삭허(-5)하여 자식이 자라 가업을 계승 발전시키는 과정이다. 그러므로 이는 하도와 낙서의 중궁 5의 변화에 따라 일어나는 선후천 의 관계로 결론지을 수 있다.

인간은 하늘을 이고 땅을 디디며 사는 존재다. 이상과 비전을 향해 도전을 멈추지 않는 사람이 체질불문 청춘 이라면, 심신이 건강한 100세 사회를 위하여 현대의료 와 함께 도전하는 사회약료도 영원한 청춘이다.

중정 주역 23

주역 계사상전 9장의 셋째 절인 건곤책수절의 원문은 다음과 같다.

乾之策二百一十有六, 坤之策百四十有四. 凡三百有六十, 當期之日.

건지책이백일십유륙(乾之策二百一十有六)
乾의 策이 216이며

곤지책백사십유사(坤之策百四十有四)
坤의 策이 144이다.

범삼백유육십 당기지일(凡三百有六十, 當期之日)
무릇 360은 마땅히 돌아 만나는 날이다.

이 부분을 보다 자세히 살펴보면, 우선 산가지〔策〕는 곧 시(蓍)이다. 산가지 하나는 시초(蓍草) 한 개이다. 주역의 양효는 모두 노양(老陽) 곧 9이고, 음효는 노음(老陰) 곧 6이다.

'건지책이백일십유륙(乾之策二百一十有六)'은 건괘(乾卦) 6효가 모두 노양효(老陽爻)이면 4개씩 덜어내어 남은 시초 9개가 6효를 이루니 $4 \times 6 \times 9 = 216$책(策)이라는 뜻이다.

즉 건지책은 노양책수 36을 6(6효를 상징)으로 곱한 수이므로 $36 \times 6 = 216$이다. 또한 곤괘(坤卦) 6효가 모두 노음효(老陰爻)이면 $6 \times 6 \times 4 = 144$책이 된다(坤之策百四十有四).

즉 곤지책은 노음책수 24를 6(6효를 상징)으로 곱한 수이므로 $24 \times 6 = 144$이다. 이때 건곤(乾坤) 두 괘의 시초 수를 합하면 360책이 되고 360책은 대략적인 일 년의 날수인 360일과 같다.

건(乾)은 하늘이고 곤(坤)은 땅인데 천지(天地)는 1년에 한 번씩 순환하며 변화하므로 건곤(乾坤)의 두 시초수는 천지의 변화하는 날수를 상징한다(당기지일).

『정역』(김일부)에 의하면 원래의 공전주기(公轉周期), 즉 원력(原歷)은 375도(일)(三七五度〔日〕)라고 한다. 그러나 우주만물의 근본 설계도인 하도(河圖)에 의해서 15도(十五度)가 존공귀체(尊空歸體)되기로 이미 예정되어 있다는 것이다(소위 후천개벽설).

예컨대 정역에서는 원력의 375도로 돌아가는 한편 하도의 원리대로 15도가 존공귀체하여 360도, 즉 정역 혹은 일부지기(一夫之朞)가 실현된다고 본다. 그는 주역이 귀장역(歸藏易)인 복희역을 계승 극복한 것이라면 연산역(連山易)인 정역은 주역을 계승 극복한 것이라 하여 이 3역이 각각 생성·성장·완성의 변증법적 발전 관계에 있다고 주장했다.

한편 소음책수(32×6=192)와 소양책수(28×6=168)의 합도 360이 된다. 결국 공간 차원에서 360의 각도는 하늘과 땅을 상징하는 원형이다.

우주가 어떠한 모양인지는 과학자들에게 '푸앵카레의

추측'이라는 난제(밀레니엄 과제)로 남아 있었으나 2002
년에 그레고리 페렐만이 풀면서 우주가 도넛 모양이 아
닌 구형임을 입증했다.

　주역은 그 옛날 우주가 시작도 끝도 알 수 없는 원형
(360)임을 진즉에 통찰했다.

중정 주역 24

주역의 꽃인 「계사상전」 9장의 후반부는 다음과 같이 '만물지수절'로 마무리된다.

二篇之策萬有一千五百二十, 當萬物之數也. 是故四營而成易. 十有八變而成卦. 八卦而小成, 引而伸之, 觸類而長之, 天下之能事畢矣. 顯道神德行, 是故可與酬酢, 可與祐神矣. 子曰 知變化之道者, 其知神之所爲乎!

이편지책(二篇之策), 만유일천오백이십(萬有一千
五百二十).

두 편의 책(策)은 11520이며.

당만물지수야(當萬物之數也) 시고사영이성역(是故四營
而成易).

마땅히 만물의 수(數)이다. 그러므로 네 가지를 만드는 수로
역의 효를 이루고.

십유팔변이성괘(十有八變而成卦), 팔괘이소성(八卦
而小成).

열여덟 번 변하여 괘를 이루니, 팔괘는 작은 괘를 이룬다.

인이신지(引而伸之), 촉류이장지(觸類而長之).

이것을 끌어 겹쳐서 촉류를 만나 증가해 나가면.

천하지능사필의(天下之能事畢矣), 현도신덕행(顯道
神德行).

천하의 모든 일은 다하여진다. 道를 나타내(易占을 만든 사
람이 易占을 치는 방법을 드러내) 그 덕행(역점의 작용)을 신
령스럽게 하였으니.

시고가여수작(是故可與酬酢), 가여우신의(可與祐神矣).

그러므로 '占을 치는 사람이 易占과' 호응할 수 있고, '易占

의' 신묘한 작용을 도울 수 있다.

자왈(子曰), 지변화지도자(知變化之道者), 기지신지소위호(其知神之所爲乎)!

공자께서 말씀하셨다. "(易占의) 변화의 도를 아는 사람이야말로 그 신묘한 변화가 일으키는 작용을 아는도다!"

이 부분을 보다 구체적으로 살펴보면 다음과 같다.

먼저 이편지책이 만유일천오백이십이니 당만물지수야의 경우, 주역이 상경과 하경으로 구성되어 있기에 바로 이 두 편의 책수(이편지책)가 만천오백이십(11520)으로 이는 만물의 수에 해당한다.

왜냐하면 64×6효=384효이므로, 양효가 192 음효가 192로 구분되는데 주역을 노양과 노음으로만 계산할 경우 192×36(노양책수)=6912책(건지책), 192×24(노음책수)=4608책(곤지책)으로 그 합이 11520책이 되어 만물의 종류를 나타내기 때문이다.

이는 주역을 소양과 소음으로만 계산할 경우에도 동일한 결과를 얻는다. 즉 192×28(소양책수)=5376책, 192×32(소음책수)=6144책으로 그 합은 11520책이다.

따라서 이 '노양책+노음책'을 주역의 양효수와 음효수로 곱한 수, 혹은 '소양책+소음책'을 주역의 양효수와 음효수로 곱한 수인 11520은 만물을 표상한 주역 64괘 384효의 책수에 해당하므로 '만물지수'라고 하는 것이다.

시고사영이성역(是故四營而成易) 십유팔변이성괘(十有八變而成卦)에서 사영이성역(四營而成易)은 시초를 할 때, 대연지수 50에서 하나(태극)을 빼는 것을 제외한 다음의 네 과정을 말한다.

첫 번째, 시초 49개를 임의로 나눈다(음양). 두 번째, 지책 중에서 인을 취한다(삼재). 세 번째, 천책을 넷씩 센다(사시, 윤월). 네 번째, 지책을 넷씩 센다(오세재윤).

그리고 십유팔변이성괘(十有八變而成卦)의 경우 설시를 하여 작괘를 할 때, 한 효를 이루기 위하여 삼변의 과정을 거쳐야 하므로, 여섯 효 한 괘를 얻기 위해서는 18변(3×6=18)의 과정을 거쳐야만 한다(18변서법).

'팔괘이소성(八卦而小成)하야'란 팔괘가 작게 이루어지므로(소성괘=삼획괘), 아홉 번 변해서(삼변성효) 소성괘 하나를 얻는다는 뜻이다.

'인이신지 촉류이장지 천하지능사 필의(引而伸之, 觸類

而長之, 天下之能事畢矣)'란 소성괘에서 대성괘를 얻는 방법으로 일정팔회의 법칙에 따라 하나의 소성괘 위에 여덟 개의 소성괘를 차례로 놓는 방법으로 늘려 64(8×8)괘를 만드는 것이다.

이에 따라 모든 만물의 종류에 가서 부딪쳐 길어 나가므로 8괘가 64괘가 되듯이 64괘가 64번씩 하여 4096괘가 되는 것이고, 계속 변화하여 나갈 수 있기에 천하의 모든 일을 다 알 수 있다.

현도 신덕행 시고가여수작 가여우신의(顯道神德行, 是故可與酬酢, 可與祐神矣)에서 첫째, 신명에게 물어 보기 위해 시초를 뽑는 것이 '수'요(Q), 괘로써 답을 하여 따르게 하는 것이 '작'이다(A).

즉 주역의 괘효를 통하여 신과 인간 사이에 말과 뜻이 오고 간다는 뜻이다(Q & A).

둘째, 신이 인간을 위해 가르쳐 주고 싶어도 표현할 방법이 없던 것을 괘로써 가르쳐 줄 수 있으니 신을 돕는 것이며, 또 신이 하고자 하는 의도를 괘를 해석함으로써 따르니 역시 신을 돕는 것이다.

지변화지도자 기지신지소위호(知變化之道者, 其知神之

所爲乎)에서 결국 음양지도를 아는 것이 신이 하는 일을 아는 것임을 깨닫게 된다.

한편 음양지도를 직접 관측하기 위해 만든 우리 첨성대(국보 제31호)의 모습이 방형(方形, 사각형)과 둥근 원형으로 된 것은 바로 주역의 이편지책(二篇之策)을 본받아 구현한 것이다.

특히 첨성대 몸체의 중간에 정사각형의 창이 있다. 이는 3계층으로 삼변성효(三變成爻)를 형상화했고 정사각형은 사영(四營)을 반영함으로써, 18계층의 젖꼭지 모습이 있는 곳까지 십유팔변(十有八變)해서 성역(成易)하는 형상을 그대로 나타낸 것이라는 일부 학자들의 주장은 우주적 관점에서 주목할 만하다.

예나 지금이나 과학 철학 종교를 불문하고 허수, 중첩, 여분의 차원, 존공귀체, 상징 등을 동원하여 우리의 실존을 미래와 무한의 세계로 안내하는 방법은 동일하다.

성경(계 7:4)에서 14만4천이란 숫자가 하나의 상징이듯이, 만물지수 11520도 주역이 우주 만물을 상징하는 숫자임을 기억하라.

중정 주역 25

피타고라스(BC 582~497)는 그리스의 고대 수학자로서 '피타고라스의 정리'를 발견하였다고 알려져 있다.

하지만 보다 구체적이고 실용적인 구고법(句股法)이 고대 중국에서 삼각측량술, 면적과 체적을 구하는 방법에 사용되어 왔다. 이는 적어도 피타고라스보다 600여 년 이전에 사용된 것으로 보인다.

중국에서는 이 구고법의 이치가 복희씨로부터 전래된 것으로 믿어 '구고정리(句股定理)'라고 부른다.

즉 복희씨가 규구(規矩)를 만들었는데 규(規)는 원을 그리는 오늘날의 컴퍼스이고, 구(矩)는 사각형을 그릴 수 있는 곡척(曲尺)이다.

여기서 구고법, 피타고라스의 정리, 그리고 주역의 대연지수와의 연계성을 살펴보면 다음과 같다.

『주비산경』은 세계 최초의 천문과 수학의 전문서적으로 BC 11세기경인 주(周)나라 초기에 주공(周公)이 산술(算術)을 잘하는 어진 대부(大夫)인 상고(商高)와의 천문의 이치와 산술의 수지법(數之法)에 관하여 문답형식으로 정리한 책이다.

'비(髀)'란 소의 넓적다리뼈로 제작된 측량용의 장대로서 천문을 재고자 할 때에 지면에 수직으로 세운다는 뜻으로 직각삼각형에서 높이를 가리키는 것이다.

'고(股)' 또한 넓적다리라는 뜻으로 『주비산경』의 첫 부분에서부터 '비'는 '고'이고, '고'는 직각삼각형의 높이를 가리키며, '구'는 밑변을 가리킨다는 설명으로 시작된다.

또한 구고법으로 밑변의 길이 구(句)와 높이의 길이 고(股)를 알 경우 빗변의 길이 현(弦)을 계산할 수 있다. 그 원리가 '대연지수오십'으로부터 도출된다는 사실에 주목할 필요가 있다.

천도(天道)를 표상하는 하도의 총수 55와 지도(地道)를 표상하는 낙서의 총수 45를 합한 수인 100을 둘로 나누어 간단하게 생성되는 대연지수오십은 상수리학의 차원에서 고찰하면 그 의미와 역할이 더욱 심오하고 막중해진다.

왜냐하면 이 어휘가 원래 주자가 쓴『주역본의(周易本義)』의 계사상전 제9장 2절에 씌어지면서 선유(先儒)들, 즉 경방(京房; BC 77~37), 마융(馬融; AD 79~166), 정현(鄭玄; AD 127~200), 순상(荀爽; AD 128~190), 왕필(王弼; AD 226~246) 등이 한 목소리로 이 어휘에 대한 해설을 우주자연의 이치와 천문역수(天文曆數)에 관계되는 어휘라고 해설하고 있기 때문이다.

즉 직각삼각형에서 밑변인 구의 길이가 3일 경우 3의 자승은 3×3=9가 된다. 높이인 고의 길이가 4일 경우 4의 자승은 4×4=16이 된다.

이때 빗변인 현의 길이는 5가 되는 것으로서 5의 자승은 5×5=25가 된다. 즉 구의 자승치인 9와 고의 자승치인 16의 합은 25가 되며, 이것이 바로 현의 자승치와 동일한 것이 된다.

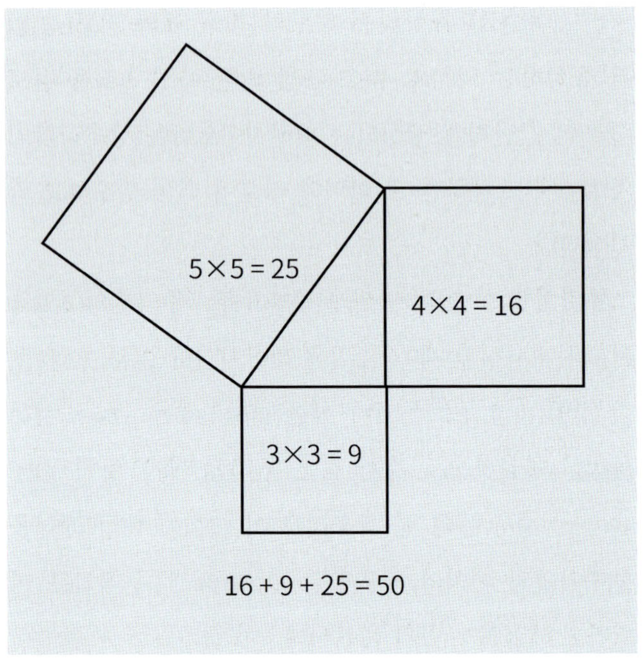

<그림 22>

또 여기에서 구고현의 자승치의 합은 50이 되므로 대연지수오십에서 구고법이 나왔으며, 이 법이 바로 천문을 재던 방법이 되었던 것이다. 수리적 표현으로서는(3×3) +(4×4) =(5×5) : 9+16=25가 되어 9+16+25=50이 되는 것이다(그림 22 참조).

이처럼 구고법의 내용은 '피타고라스의 정리'의 그것

과 동일한 것이다. 즉 직각삼각형에서 빗변을 1변으로 하는 정방형의 면적은 다른 2변을 각각 1변으로 하는 2개의 정방형의 면적의 합과 같다는 '피타고라스의 정리'와 일치되는 내용인데 대연지수오십 이외에는 설명할 길이 없다.

본질적으로 소성괘인 팔괘는 3획으로 이루어졌고 3획은 천지인 삼재(三才)를 의미하며, 대성괘인 64괘는 6획으로서 이루어진 바 3획괘인 소성괘를 거듭하여 6획괘인 대성괘가 된 것이며, 6의 다음수는 7로서 칠일래복(七日來復) 혹은 칠일득(七日得)으로 주역 속에 등장한다.

이는 6이라는 일정한 기간을 거친 결과론적 표현으로서(예: 상효가 6이므로 극즉반의 원리로 7에서 되돌아옴), 3이 거듭하여 6이 되고 6의 결과론적 차수(次數)는 7이 되므로 3·6·7·50으로 이어지는, 융·복합적이고 상징적인 합성수가 바로 대연지수오십인 것이다.

이것은 또한 원방도를 그릴 수 있는 기초 이론으로 작용한다. 즉 7이라고 하는 수로 대연지수오십이 성립되는 것은 원(圓)과 방(方)인 정사각형을 그려봄으로써 분명하게 알 수 있다.

예컨대 원의 둘레는 '지름×3.14'로 7을 원의 지름〔徑〕으로 할 때 '7×3.14=22'가 되며 정사각형의 한변의 길이가 7일 경우 네 변의 합은 '7×4=28'이 되므로 22+28=50이 된다.

따라서 주역에서 '大衍之數五十이니 其用은 四十有九'라고 한 것은 방인 정사각형의 한 변의 길이가 7일 경우 그 면적은 7×7=49가 되며, 1은 방 자체인 것으로 형이상적인 차원에서 태극이 되므로 그 씀은 49가 된다.

어원적으로 볼 때, 대연에서 '연(衍)'이라는 글자는 갑골문의 뜻으로 물〔水〕이 최종 목적지인 넓은 바다를 향해 흘러간다〔行〕는 말이기에, 물이 바다에 모이면 넓어지듯이 대연지수오십도 수의 이치를 오십으로 크게 넓혀 나가고 있다는 말이다.

결론적으로 대연지수오십(大衍之數五十)은 상수리학적 영감의 수신 안테나를 높임으로써 주역의 모든 의미를 함축시킨 다차원적인 합성수(合成數)로 자리매김하면서 첫째 천문을 재는 기초의 수리가 되며, 둘째 점서법(占筮法)의 서수(筮數)가 되고, 셋째 원방도(圓方圖)를 그릴 수 있는 기초수리가 되고, 넷째 수지법(數之法)의 출발점이 되는 '영원한 청춘'의 신묘한 수인 셈이다.

방정식은 깔끔하다. 상(象)·사(辭)·변(變)·수(數)로 구성된 주역도 깔끔하다.

중정 주역 26

물질이 입자와 파동의 양면성을 가졌듯이, 주역의 캐릭터는 상사변수(象辭變數)로 다면적이다.

우리가 어디로 가야 할지 혹은 어떻게 해야 할지 모를 때(막혔을 때), 하늘에 물을 수밖에 없다.

이때 시초로 점을 쳐서 묻고 괘로써 답을 받는다(Q&A). 그리고 그 괘를 풀어 갈 바를 정하거나 피흉추길(避凶趨吉)로 최소한 허물이 없도록 한다.

따라서 괘는 상이고 괘를 푸는 것이 사(64괘 384효에 붙어 있는 괘효사를 말함)이며 막힘을 없애는 것이 변(통)이고, 점은 수다.

그동안 우리는 주역 계사전의 상편(성인지도 중심)에서 소위 '깔딱고개'에 해당하는 9장의 네 구절(천지지수, 대연지수, 건곤책수, 만물지수)을 진땀을 흘리며 넘어왔다.

이제 계사전 상편을 마무리하면서 '관기회통(觀基會通)'이란 어휘를 음미할 필요가 있다. 이는 변통원리(變通原理) 즉 음이 양되고, 양이 음이 되어 '막힘이 없음'을 지칭하는, 마치 파동을 연상시키는 일음일양지위도(예; 오일러의 공식)의 또 다른 표현이기도 하다.

예컨대 『장자(莊子』「양생주(養生主)」 편에 나오는 최고의 백정 포정(庖丁)은 기술을 넘어선 도(道)의 경지를 그대로 보여준다.

문혜군(文惠君)이 포정에게 소를 잡게 하였는데 그 솜씨가 예술의 경지 그 자체였다. 포정의 칼이 소 몸의 결을 따라 움직이는데 동작은 우아하여 춤을 추는 것 같고, 소리는 음악처럼 아름답게 들렸다.

소는 도의 경지에 이른 칼날에 분해되고도 자신이 죽은지 모를 지경이었다. 포정은 소 몸을 눈으로 보지 않고도 이미 마음으로 꿰뚫고 있기 때문에 칼날이 뼈를 건드리는 법이 없었다.

그래서 19년 동안 오직 한 자루의 칼로 수천 마리의 소를 잡았는데도 마치 숫돌에서 막 칼을 간 것처럼 시퍼렇게 날이 서 있었다고 한다.

여기서 나온 '포정해우(庖丁解牛)'라는 고사성어는 생활의 달인들이 보여주는 놀라운 기술을 칭할 때 사용되며 '막힘이 없음'을 극명하게 보여준다.

사실 주역은 존재에 대한 독특한 개념을 내놓았다. 천지만물이 변화한다는 점에서는 그리스의 변화생성론과 유사하지만 그 변화의 원리에 대하여 새로운 논리를 내세움으로써 대립되는 양과 음을 세상이치의 근원으로 삼았다. 또한 이들의 상호 관계로부터 상생과 상극, 공생과 진화, 강유(剛柔), 동정(動靜), 인의(仁義) 등이 나오는 이론을 체계화했다.

즉 역은 '오래되면 막히고 막히면 변해야만 통할 수 있다(易 久則窮 窮則變 變則通)'고 함으로서 변화가 존재의 본질임을 밝혔기에 역의 핵심에는 모순이 있어야 충돌이 있고, 충돌이 있어야 변화가 있으며, 변화가 있어야 발전이 있고, 발전이 있어야 미래가 있다는 입장에서 패러다임의 전환과 변증법적 사유가 깔려 있다.

따라서 모순 충돌을 변화의 전제조건으로 적극적으로 수용하는 삶의 태도와 입자와 파동을 동시에 볼 수 있는 중첩의 안목을 우리에게 요청하기에 '변화를 두려워하지 말고, 변화하지 않음을 두려워하라(不怕變 怕不變)'는 능동적인 삶을 가르치고 있는 것이다.

또한 변통의 이치는 때를 잘 맞추어야 함을 강조(變通者 趣時者也)하기에 '시중(時中)'이야말로 적자생존의 관건임을 설파하고 있다.

사실 적자생존(適者生存, Survival of the fittest)은 1864년 영국의 철학자인 허버트 스펜서가 『Principles of Biology』에서 처음으로 사용한 인간들의 생존경쟁 원리를 담은 용어이다.

후에 찰스 다윈에 의해 생물체나 집단체의 다양한 환경 적응력이 높을수록 오래 살아남는다는 의미를 가진 진화론적 과학 용어로 사용되어 더 확고한 뜻으로 발전되었고, 이는 그의 역작인 『종의 기원』에 잘 나타나 있다.

오늘날 문명이 발달할수록 경쟁이 치열해지면서 더욱더 약육강식의 세상이 되고 있다. 환경변화에 적절하게 대응하고 적응하여야만 생존한다는 적자생존(適者生存)의 콘텐츠는 따지고 보면, 스펜서나 다윈보다 훨씬 앞서서 주역에서 이미 변통원리로서 확립해 놓은 것이다.

삶이란 소 한 마리를 잡는 일이다. 관기회통(觀其會通)*하라. 포정해우 같은 극강의 아름다움을 창출할 수 있다.

만물코드(Code of Everything)인 주역은 곧 인생의 'FM(Field Manual)'이다.

FM대로 배우고 따름은 21세기 모순과 충돌의 사회에서 우리가 보다 아름답고 건강한 삶을 영위하기 위한 근본적이고도 실존적인 이유이자 중첩적인 사회약료를 구현하는 길이기 때문이다(本立而道生).

---

* 관기회통(觀其會通) : 모여서 소통함을 본다. 이왕 모였으면 소통해야만 의미가 있기에 『주역』에서는 회통(會通)에 대해 잘 살펴보라고 하였다.

중정 주역 27

주역의 관점에서 공자는 성인(聖人)이고 우리는 소인(小人)이다. 성인은 하늘의 뜻을 자각한 사람이고 소인은 그것을 모르는 무지몽매(無知蒙昧)한 사람이다.

그렇다면 하늘의 뜻이란 무엇인가? 만물코드(Code of Everything)인 주역은 모든 것을 때마다 변화하는(살아 있는) 괘(卦)로 풀었기에 괘로 시작해서 괘로 끝난다고 해도 과언이 아니다.

즉 천지만물은 모두 양(陽)과 음(陰)으로 되어 있다. 하늘은 양, 땅은 음, 해는 양, 달은 음, 강한 것은 양, 부드러운 것은 음, 높은 것은 양, 낮은 것은 음 등 상대되는 모든 사물과 현상들을 양·음 두 가지로 구분하고 그 위치나 생태에 따라 끊임없이 변화한다.

예컨대 달이 차면 기울기 시작하고, 여름이 가면 다시 가을·겨울이 오는 현상은 끊임없이 변하나 그 원칙은 영원불변한 것이다. 이 원칙을 인간사에 적용시켜 비교·연구하면서 상사변수(象辭變數)로 풀이한 것이 주역이다.

따라서 괘 없는 주역은 없다. 또한 주역은 종교서적이 아닌 학술서적이므로 일방적인 선언이 아니라 논리와 근거가 분명하기에 원리가 많다.

예컨대 주역의 본 이름인 역에도 삼역의 깊은 뜻과 원리가 숨어 있다. 쉽고 간단하다는 이간(易簡), 그리고 변역(變易)과 불역(不易)의 원리가 있다.

변역, 즉 변하고 바뀌는 것은 유형적(有形的)인 만물이다. 불역, 즉 변하지 않는 것은 만물을 변하게 하는 무형(無形)적 원리이다.

따라서 태극(太極)이 변하여 음·양으로, 음·양은 다시 변해 8괘, 즉 건(乾)·태(兌)·이(離)·진(震)·손(巽)·감(坎)·간(艮)·곤(坤) 괘가 되었다.

건(乾)은 하늘·부친·건강을 뜻하며, 태(兌)는 못〔池〕·소녀·기쁨이며, 이(離)는 불〔火〕·중녀(中女)·아름다움이며, 진(震)은 우뢰·장남·움직임이며, 손(巽)은 바람·장녀·섭리, 감(坎)은 물·중남(中男)·함정, 간(艮)은 산·소남(少男)·그침, 곤(坤)은 땅·모친·순(順)을 뜻한다.

그러나 하도와 낙서에서 비롯된 8괘만을 가지고는 천지자연의 현상을 다 표현할 수 없어 이것을 중첩하여 64괘를 만들고 거기에 괘사와 효사를 붙여 설명한 것이 바로 주역의 경문(經文)이다.

이와 같이 하늘의 뜻인 건곤지도 혹은 음양지도를 깨달아 소인에게 가르침으로써, 새싹처럼 여리고 아무것도 모르는 소인이 인의예지를 모두 갖춘 군자(성인지도를 실천하는 자)가 되기를 바라고 요청하는 것이 주역의 핵심 목표인 '소인의 군자화'이다.

이러한 까닭에 주역의 개론서인 『계사전』은 상편(주역 상경의 해설서)이 성인지도 중심의 이론편이고, 하편(주역 하경의 해설서)이 군자지도 중심의 실천편으로 이론과 실제(Theory & Practice)가 한권으로 묶여 있는 명실상부한 FM(Field Manual)이다.

또한 『서괘전』의 경우에도 64괘의 시작이 중천건(乾)과 중지곤(坤) 괘로 시작되고, 곧이어 수뢰둔(屯: 새싹을 의미함)과 산수몽(蒙: 무지몽매함) 괘가 나온다.

한편 '소인의 군자화'를 목표로 삼는 주역은 천인합일(天人合一) 정신을 강조한다. 이는 하늘의 뜻인 진리(眞理)가 인간에게 체화됨으로써 하나가 되는 것이기에 '진리는 나의 빛(VERITAS LUX MEA)'이라는 기치를 내건 서울대학교(SNU)의 건학 이념과도 일치한다.

흥미롭게도 공자도 진리를 자각하기가 어렵다는 사실을 일찍이 간파하고, 괘효원리 중심으로 펼쳐지는 『계사전』 하편에서 화뢰서합(火雷噬嗑) 괘를 통해 예외적으로 두 개의 효(爻)를 인용, 중시하면서 딱딱한 음식물을 씹는 것과 범죄인을 교화하는 일의 어려움에 비유하고 있다.

여러모로 주역은 인류의 보물임에 틀림없다. 그런데 이 보물이 하마터면 현대를 사는 우리에게 전해지지 않을 뻔했다.

공자의 찬술(십익) 덕택에 한갓 점서에서 역경(경전)으로 신분의 수직상승을 이룬 주역이 진시황을 만나 절대 위기에 빠진 것이다.

무력으로 중국을 통일한 진시황은 춘추전국시대에 만연했던 제자백가들의 다양한 사상들을 국론분열의 주범이라고 보고 우선적으로 사상을 통일하고자 '분서갱유'를 명했다.

즉 BC 221년에 한, 조, 위, 금, 연, 제 등의 여섯 나라를 하나로 통일한 그는 기존의 봉건제도를 폐지하는 등 대개혁을 실시하자 개혁정책에 전통 유학자들이 크게 반발함에 따라 그는 곧 법가인 이사의 건의대로 분서를 명령했다.

그 몇 년 후에는 유학자들을 생매장시켰다. 분서를 시행함에 있어 특히 시경과 서경은 철저하게 태웠다.

하지만 그 와중에서도 점술에 쓰이는 책과 의약, 농업에 관한 책은 시황제가 민간의 소유로 인정할 것임을 예견하고 점서 형태로 바꾸어 소실되지 않게 함으로써 겨우 살아남았으니 주역 스스로가 관기회통(觀其會通)한 셈이다.

한번뿐인 인생에서 무지몽매한 소인으로 남아 있기를 원하는 사람은 아무도 없다.

주역을 몰랐다면 모르거니와 알고 난 이상 힘써 배우고 따라야 할 것이다.

변화무쌍한 길흉화복의 세상에서 막힘이 없는 만사형통을 원하는가. 진리와 하나 되라.

이것이 성인(聖人) 공자의 마음이고 주역 하경(下經)의 첫 번째인 택산함(澤山咸) 괘의 요지다.

중정 주역 28

2018년 2월 9일 평창 동계올림픽의 개막식에서 선보인 드론 오륜기는 지구촌 모든 사람들이 깜짝 놀랄 만큼 압권이었다. 드론은 새처럼 높이 날아올라 세상을 한눈에 볼 수 있는 조망능력이 탁월하다.

『계사전』은 주역의, 주역에 의한, 주역을 위한 드론이다. 주역을 『계사전』으로 조망하면 64개의 거목이 빼곡하게 들어선 숲이 드러난다.

먼저 숲을 보고 난 후에 나무를 보아야 하므로 우리는 그동안 『계사전』으로 주역의 숲을 파악해온 셈이다.

특히 『계사전』 하편(실천편)에서는 64개의 괘들을 이런 특징과 저런 모습으로 분류하고 부분집합을 만들어 체계적으로 설명하고 있다.

먼저 '12벽괘설'을 살펴보면 다음과 같다. 주역에서 12개의 월에 각 음양표시를 붙여 그것을 '12벽괘'라고 부른다. 벽괘(辟卦)에서의 벽(辟)은 임금 벽이라 읽으며 주요한 괘라는 뜻이다.

이는 한(漢)나라 시대의 역학자 맹희(孟喜)가 12개의 월마다 거기에 맞는 12개의 괘(예: 지뢰복, 지택림, 지천태, 뇌천대장, 택천쾌, 중천건, 천풍구, 천산돈, 천지비, 풍지관, 산지박, 중지곤 괘를 말함)를 배당해 놓은 것으로 64괘에서 뽑은 것이지만 64괘의 순서와는 차이를 보인다.

그림과 같이, 음력 10월(亥月)은 음기(陰氣)가 가장 왕성한 달로 음효만 여섯이다. 11월이 되면 제일 아래에서 양(陽)의 기운 하나가 돋으니 마침내 양월(陽月)이 시작되며 지뢰복괘의 복(復)월이고 자(子)월이 된다.

이는 1년의 순환을 음양의 변화로 표시한 것으로 양력 12월 음력 자월(子月)에 일양(一陽)이 생겨난다. 그리고 양력 1월 음력 축월(丑月)에 이(二)양, 양력 2월 음력 인월(寅月)에 삼(三)양, 양력 3월 음력 묘월(卯月)에

사(四)양, 양력 4월 음력 진월(辰月)에 오(五)양, 양력 5월 음력 사월(巳月)에 육(六)양으로 양의 상태가 극에 달한다.

동양의 사상이 종시(終始)에 기반하기에 끝이 다시 시작이고 시작하면 끝을 향해 나아간다. 즉 사월(巳月)에 육양(六陽)으로 양(陽)이 극해 달하면 드디어 반전이 일어난다.

그 결과 양력 6월 음력 오월(午月)에 일음(一陰)이 생기고, 양력 7월 음력 미월(未月)에 이(二)음이 되고, 양력 8월 음력 신월(申月)에 삼(三)음이 되고, 양력 9월 음력 유월(酉月)에 사(四)음이 되고, 양력 10월 음력 술월(戌月)에 오(五)음이 되고, 양력 11월 음력 해월(亥月)에 육음(六陰)이 되어 음이 극에 달한다.

마찬가지로 음이 극에 달하면 다시 일양(一陽)이 시작된다. 이렇게 다시 시작하는 괘의 이름이 지뢰복괘(復卦)로 '돌아와서 다시 시작한다'는 뜻이다.

이것을 인사적으로 자세히 풀어보면, 지뢰복괘에서는 세상이 아무리 험악하고 소인지도(小人之道)가 판을 치는 세상이라 할지라도 군자지도(君子之道)가 반드시 회복되고 돌아옴을 강조한다.

왜냐하면 복(復)은 군자지도인 양(陽)이 돌아오기 때문이다. 군자지도인 '양'이 지금은 미약하지만 앞으로 많은 동류의 양이 모이면 점차 성(盛)하여 허물이 없어진다.

이것이 천도(天道)의 변화임을 말하고 있다. 따라서 성인(聖人)의 말씀인 진리에 순종하면서 움직이라는 의미가 내포되어 있다.

예컨대 공자는 이 구절에 대해 다음과 같이 풀이하고 있다. 먼저, 돌아옴이 형통한 것은 군자지도인 양강(陽剛)이 돌아와서 이치에 따라 움직이니 형통하다고 말한다.

그러므로 출입하는 데 병이 없고 벗이 와도 허물이 없다. 또 갈 데가 있는 것이 이롭다는 것은 군지지도인 강(剛)이 점차 자라나기 때문이다.

끝으로 때가 되면 군자지도가 돌아옴을 볼 때, 천지의 마음을 가히 볼 수 있다고 단호하게 말한다. 즉 아무리 소인지도가 성하고 군자지도가 다 없어져 세상이 살기 어렵고 힘들어도 성인의 말씀에 대한 믿음을 가지고 실천하면 때가 되면 군자지도는 반드시 돌아온다.

이것이 하늘의 뜻이고 법칙이다. 특히 '12벽괘설'에 의해 '칠일래복(七日來復)'이란 어휘가 나왔는데, 이는 양기가 오는 수치를 전적으로 말한 것으로 7은 곧 양기가 움직이는 수치다.

즉 곤괘의 초효부터 일곱 번을 지나면 복괘가 되고, 양이 없어지는 구괘(姤卦)에서 일곱 괘가 변해 양이 시작하는 복괘가 된다. 여기서 칠일은 사람이 행하기에 따라 7일, 7달, 혹은 70년이 될 수도 있는 상징적인 수치다.

사람은 불완전한 존재다. 자기중심적인 소인지도의 길은 주역이 요청하는 메시지에서 거리가 멀다. 멀리 가기 전에 바른 길로 돌아와 후회할 일이 없게 함은 다른 사람으로부터 도움을 받아서 되는 것이 아니고, 자기 스스로가 덕을 가지고 있음으로써 주체적으로 자각하고 실천하려고 해야 한다. 이는 오로지 진리 혹은 성인의 말씀에 대한 믿음으로 이루어진다.

한마디로 세상사와 인간사는 '모사재인 성사재천(謀事在人 成事在天)'임을 주역도 강조한 것이다.

<그림 23>

젊은 시절, 중정은 박사학위를 받자마자 YS의 주치의(고창순 교수)와 함께 일한 바 있다(보건의료기술연구기획평가단).

중정의 사위인 쿼카도 젊은 시절인 엊그제, 박사학위를 받자마자 JI의 주치의(송인성 교수)와 함께 일하게 되었다(서울대병원).

176

칠일래복(七日來福). 한 세대가 흘러 나름 진리를 추구해 온 중정의 가문에 일양(一陽)이 든 것이다.

하늘은 늙거나 병들지 않는다. 하늘은 하늘이고 사람은 사람이다. '인류를 아름답게 사회를 건강하게' 함은 사람의 몫이다.

진리의 말씀을 따라 자강불식(自强不息)하라. 나이가 들면서 새로운 사람을 사귀기는 어려우나 하늘과 사귀기는 쉽다.

이것이 이간지도(易簡之道), 즉 성인지도를 바탕으로 군자지도를 완성하는 중정지도(中正之道)다(그림 23).

중정 주역 29

진리(truth)란 무엇인가.

이는 허위(거짓)의 반대되는 개념으로 일반 사전적인 뜻은 '참된 도리'이며, 사실이 분명하게 맞아 떨어지는 명제, 또는 시간과 공간을 초월하여 누구나 인정할 수 있는 보편적이고 불변적인 사실 혹은 참된 이치나 법칙을 뜻한다.

하지만 모두가 인정한다 해도 그것이 진리가 될 수 없는 경우도 있으므로 보다 올바른 정의를 내리자면 사람의 생각, 지식, 견해 등에 상관없이 언제나 변함없는 정확한 사실을 진리라고 말할 수 있다. 거시적으로 우주 삼라만상이 하나의 세계이듯이, 미시적으로 인간의 세포도 하나의 세계다.

주역은 거시세계를 천지자연의 질서체계로 자각한 성인지도를 통해 소인지도가 군자지도로 변화될 수 있음을 설파한다.

한편 생명과학은 세포를 미시세계의 질서체계로 보고, 타고난 호메오스타시스(항상성)를 노년기에도 유지함으로써 건강 백세시대를 열어갈 수 있음을 기대하고 도전한다.

그런데 진리인 성인지도를 따르는 군자지도가 깨지면 각자도생의 소인지도가 되듯이, 노화가 진행되면 세포 차원에서 우리 몸의 항상성이 깨어져 각종 질환이 발생한다.

형이상학적으로 소인지도를 '소인의 마음'으로 풀이한다면, 생명과학은 소인지도를 '소인의 몸'으로 보고 타깃으로 삼는다고 볼 수 있다.

따라서 현대의료와 사회약료의 목표와 희망은 각종 질병을 달고 사는 소인의 몸을 건강을 상징하는 청춘의 몸처럼 군자의 몸으로 변화시키는 것이다.

즉 주역의 목표가 '소인의 군자화'이듯이 현대의료와 사회약료의 목표도 세포차원에서 보면 결국 세포를 정상화시켜 노화를 극복하는 '항노화(항상성의 회복)'에 있다.

흥미롭게도 소인의 군자화에 9가지의 심적 요소가 필수적인데 항노화에도 9가지의 육신적 기능이 필수적이다.

먼저 주역은 소인의 정신을 군자의 정신으로 바꿀 수 있는 아홉 가지의 덕을 아홉 가지의 괘로 묶어서 제시한다.

이론적으로 십(十)은 하늘을 상징하기에 천도인 하도가 낙서(지도)의 9덕괘를 통해서 드러나므로 '어려움을 극복하는 지혜'를 뜻하는 9덕괘에는 체십용구(體十用九)의 원리가 담겨 있다.

이러한 까닭에 『계사전』 하편에서 소개하는 두번째 부분집합은 바로 '9덕괘설'이다.

즉 64괘 중에서 열 번째의 천택리(天澤履), 열다섯 번째의 지산겸(地山謙), 스물네 번째의 지뢰복(地雷復), 서른두 번째의 뇌풍항(雷風恒), 마흔한 번째의 산택손(山

澤損), 마흔두 번째의 풍뢰익(風雷益), 마흔일곱 번째의
택수곤(澤水困), 마흔여덟 번째의 수풍정(水風井), 그리
고 쉰일곱 번째의 중풍손(重風巽) 괘(즉 이겸복·항손익·곤
정손)가 그들이다.

지면관계상 몇 차례로 나누어 향후 이들의 특징, 작
용, 그리고 극복 방법과 함께 오늘날 생명과학 중에서
각광받고 있는 당생물학의 당사슬 관련 9가지 기능을
구체적으로 살펴보고자 한다.

소인의 군자화는 거시적이면서도 미시적인 안목을 요
구함으로써 소인의 몸과 마음을 동시에 변화시키는 것
이다. 철학적 메시지도 과학적 발견도 모두 진리의 말
씀이다.

진리는 하나이고 우리가 비빌 언덕이다. 말하는 대로
믿는 대로 될지어다.

VERITAS LUX MEA!

중정 주역 30

주역을 배우는 목적은 하늘의 법도를 받아들임으로써 앞날을 예측하여 우환과 환난을 막고 '어려움을 극복하는 지혜'를 구하는 것이기도 하다.

「구덕괘설」에 의하면, 성인(聖人) 공자는 역(易)을 지은 문왕의 당시〔中古時代〕에 우환이 있었을 것이라고 단정한다.

이는 은나라 말엽의 제후였던 문왕(본명 姬昌)의 고사를 염두에 둔 것으로, 문왕은 당시 주(紂)에 의해 다스려지던 은나라 서쪽 땅의 제후로 덕망이 높아 백성들로부터 두터운 신임을 받는 처지였다.

주(紂)는 이를 위태롭게 여겨 희창을 유리옥(羑里獄)에 가두었다. 한편 본명이 희발(姬發)인 무왕은 아버지 희창(문왕)의 뒤를 이어 서쪽 변경에 있던 도시국가 주(紂)의 우두머리가 되었다.

서백이라는 칭호를 사용했던 문왕 때부터 은나라(殷: BC 1600~1046)를 무너뜨릴 계획을 세웠다. 마침내 희발은 아버지가 옥사하자 원수를 갚기 위해 다른 8개의 변경국가들과 연합하여 은의 마지막 황제이며 달기에 빠져 폭정을 일삼던 주왕(紂王: 酒池肉林을 만든 장본인)을 몰아내고 주(周)나라를 세워 무왕이 되었고 아버지를 문왕으로 추숭했다.

요컨대, 은말주초의 난세에 문왕은 어지러운 세상과 백성들을 걱정하면서 유리옥에서 주역 64괘에 괘사를 붙였고 그의 아들 주공은 효사를 지었던 것이다. 그로부터 주역이 일반인들에게도 활용되면서 역이 흥성했다는 이야기다.

하늘의 이치를 생활 속에 받아들여 살아가는 것은 예나 지금이나 혼란한 세상을 슬기롭게 헤쳐 나가는 지름길이다. 주역 64괘 중에서도 특히 '구덕삼진(九德三陳)괘'는 환난을 극복하는 덕을 3단계로 중첩해서 나열했기에 일컬어지는 아홉 가지 괘로(일진은 특징, 이진은 작용, 삼진은 방법을 말함), 하늘의 덕(德)을 자기 자신의 지혜(智慧)로 받아들여 살아가게 하는 가장 확실한 가르침인 것이다. 여기서 구덕괘의 괘상을 총체적으로 정리하면 다음과 같다.

▷ 첫째 천택리(天澤履) 괘는 위가 하늘 괘 아래가 못 괘이다. 위의 굳센 하늘의 이치를 두고 기뻐하는 마음으로 밟아 나가는, 즉 실천을 강조하는 예절(禮節) 괘다. 이(履) 괘는 64괘 중에서 열번째(十)의 괘로 하늘을 상징하는 동시에 실천중심의 구덕괘에서는 맨 처음에 등장한다.

▷ 둘째 지산겸괘(地山謙卦)의 경우, 하늘의 이치에 그쳐 있는 높은 산이 만물 중에 가장 천하고 낮은 땅 밑에 엎드려 있다. 주역에서 겸손을 뜻하는 두 개의 괘(지산겸과 중풍손) 중 하나로 '치자(治者)의 겸손'을 나타낸다. 겸손은 무엇보다 자신을 드러내지 않기에 하늘도 땅도 귀신도 사람도 좋게 보고 복을 주니 우환(憂患)을 멀리 피해 가게 한다.

▷ 셋째 지뢰복괘(地雷復卦)는 봄이 되어 양의 기운이 꿈틀대면서 만물에 생기(生氣)를 불어 넣고 있다. 땅 밑에

서 일양(一陽)이 회복되면서 만물을 이롭게 하는 괘상으로 소위 '해빙기의 아침'을 맞이한다. 주역 64괘 중에서 12벽괘설과 9덕괘설에서 공통으로 활용되는 비중 있는 괘다.

▷ 넷째 뇌풍항괘(雷風恒卦)는 윗 괘가 우레 괘이고 아랫 괘가 바람 괘다. 안으로 공손하고 밖으로 하늘의 이치를 회복하려는 움직임이 매우 활기차다. 주역 하경의 첫 번째 괘인 택산함괘(澤山咸卦; 천인합일을 상징함)의 다음에 오는 괘로 항상성을 강조한다. 이는 언제 어디서나 우리가 염두에 두어야 하는 삶의 가장 바람직한 자세다.

▷ 다섯째 산택손괘(山澤損卦)는 위가 산 괘 아래가 못 괘로, 안으로 매사에 기뻐하면서 밖으로 하늘 이치에 그쳐 있다. 하늘의 기운은 산을 통해 내려오고 땅의 기운은 못을 통해 교류할 수 있도록 자신의 역할을 항상 잊지 않는다. 이는 손익지도(損益之道; 인간이 자신을 내려놓으면(-), 하늘은 진리로 더해준다(+)는 주역 핵심사상의 하나임) 중 '손하익상(損下益上)'을 말하므로 하늘의 이치에 거슬리는 소인중심의 자아를 먼저 덜어내어 이것을 하늘에 보태는 것, 즉 내려놓음을 의미한다.

▷ 여섯째 풍뢰익괘(風雷益卦)는 위가 바람 괘, 아래가

우레 괘다. 위의 바람과 아래의 우레가 서로 부딪쳐 양과 음의 기운을 사귀게 하면서 만물의 성장을 돕는다. 그래서 착한 것을 보면 바람처럼 쫓아 행하고 허물이 있으면 천둥 번개를 만났을 때처럼 두렵게 여겨 고친다. 즉 손익지도(損益之道) 중 '손상익하(損上益下)'를 말하므로 하늘의 진리 혹은 성인의 말씀을 덜어내 인간에게 보태주는 것, 즉 진리를 자각하게 해줌을 의미한다.

▷ 일곱째 택수곤괘(澤水困卦)는 위가 못 괘, 아래가 물 괘이다. 못 안에 있어야 할 물이 못 밖으로 빠져 나가 처지가 곤궁하다. 이 괘상에서 군자는 하늘의 때를 알아 하늘의 명을 받들어 뜻을 이룬다. 부연하면, 상황이 막혀 있고 곤궁한 그때야말로 삶의 진정한 지혜가 발휘되는 것이다. 즉 곤궁한 때 소인지도를 따름으로써 인함을 자각하고 분별하면 성인지도로 돌아갈 수 있음을 내포한다.

▷ 여덟째 수풍정괘(水風井卦)는 위가 물 괘, 아래가 음목인 바람 괘다. 아래의 바람이 위로 물을 퍼올려 천하 만물을 기르는 괘상이다. 여기서 정(井)은 하늘의 은택, 즉 진리를 뜻한다. 마을 앞의 공동 우물〔井〕은 마을 사람들은 물론, 지나가는 행인들도 그 물을 마시기에 우물 자

신은 한곳에 머물러 있으면서 만물을 이롭게 한다.

▷ 아홉째 중풍손괘(重風巽卦)는 위도 바람 괘, 아래도 바람 괘로 하늘의 이치를 따름이 겸손이다. 소성 괘로 바람 괘는 중정한 하늘의 덕에 공손한 괘상이다. 이때의 겸손은 하늘에 대한 것으로, 안과 밖으로 한결같이 하늘의 命(명)에 공손하여 천지자연의 이치에 순종한다(申命行事). 따라서 천인합일의 정신이 여기에도 내장되어 있다.

인간은 심신(心身)이 하나로 모두 중요하다.

소인의 마음을 군자의 마음으로 변화시키는 구덕괘설의 대표를 항(恒) 괘, 즉 항상성(소위 恒心)으로 볼 때 소인의 몸을 군자의 몸으로 변화시키는 생명과학적 항노화의 대표도 항상성(호메오스타시스, 소위 恒身)이기에 수천 년 전의 주역과 21세기의 현대과학이 목표지점에서 일치해 하나됨으로써 '소인의 군자화'라는 명제가 철학적으로나(위) 과학적으로(아래) 훌륭하게 소통되고 있음을 명확하게 보여준다.

일상생활에서 항심과 항신을 유지하는 것이야말로 진정한 중정지도(中正之道)다.

중정 주역 31

은말주초(殷末周初)의 시대적 배경을 바탕으로 주역에서 제시된 우환의식(憂患意識)은 점서법에 반영된 교훈과 계몽의 내용을 필연성과 당위성의 원칙으로 고양시켰다.

소위 '구덕괘설'은 주역의 괘효상과 괘효사의 관계를 해석하면서 그 속에 함축된 윤리도덕관의 본질과 그 사례를 밝혀놓음으로써 인류의 준칙, 즉 인도(人道)의 단초를 마련한 것이다.

인간이 덕성을 함양하는 데 기본적인 자세로서 리괘(履卦)·겸괘(謙卦)·복괘(復卦)의 덕목을, 그 운용의 원칙으로서 항괘(恒卦)·손괘(損卦)·익괘(益卦)의 덕목을, 그 확충의 방식으로서 곤괘(困卦)·정괘(井卦)·손괘(巽卦)의 덕목을 설정한 것이다.

그 결과, 이 아홉 개 괘의 덕목은 주역에서 제기한 수양론의 강령을 단적으로 보여준다는 점에서 현대적 인문정신(人文精神)의 발현으로 볼 수 있다.

요컨대, 우환(憂患)의 역도(易道)에서 발굴된 인류애적 가치는 궁극적으로 동양사상의 최종 목표인 천인합일(天人合一)적 항심(恒心)을 위한 중요한 실마리를 제공한 것으로 볼 수 있다. 그러므로 구덕괘를 담은 주역 계사하편의 제7장을 구체적으로 살펴볼 필요가 있다.

"易之興也 其於中古乎, 作易者 其有憂患乎."

역의 흥함이 중고시대(은말주초)인바, 역을 지은 자(문왕)는 우환이 있었노라.

"履德之基也, 謙德之柄也, 復德之本也, 恒德之固也, 損德之修也, 益德之裕也, 困德之辨也, 井德之地也, 巽德之制也."

이는 구덕괘의 제1진(특징)을 말한다. 즉 이괘(履卦)는 덕을 실천하는 기본이요, 겸괘(謙卦)는 덕의 자루요, 복

190

괘(復卦)는 덕의 근본 뿌리요, 항괘(恒卦)는 덕의 견고함이요, 손괘(損卦)는 덕의 수행이요, 익괘(益卦)는 덕의 넉넉함이요, 곤괘(困卦)는 덕을 변별함이요, 정괘(井卦)는 덕이 땅처럼 확고부동함이요, 손괘(巽卦)는 덕을 재단(마름질)함이다.

여기서 마름질함(制)이란 하늘의 법칙을 가지고 인간의 법칙, 즉 문물제도를 만드는 것을 말하기에 천인합일과 체십용구의 근본원리를 내포한다.

"履和而至, 謙尊而光, 復小而辨於物, 恒雜而不厭, 損先難而後易, 益長裕而不設, 困窮而通, 井居其所而遷, 巽稱而隱."

이는 구덕괘의 제2진(작용)을 말한다. 즉 이괘(履卦)는 화목함이 지극하고, 겸괘(謙卦)는 남을 높이니 내가 빛이 나고, 복괘(復卦)는 미약하지만 사물을 분별하는 기틀이 되고, 항괘(恒卦)는 잡다함(소인과 섞여있음)에도 싫어하지 아니하고, 손괘(損卦)는 먼저는 어려워도 나중은 쉽고, 익괘(益卦)는 오래 베풀되 누구에게나 허락되지 아니하고(선택적임), 곤괘(困卦)는 궁하면 통하고(소인의 길에서 돌아오면 막히지 않음), 정괘(井卦)는 제자리를 지켜

도(마을 앞의 공동우물인 진리는 늘 그 자리에 있음) 덕은 옮겨 가고(우물물은 모두 마심), 손괘(巽卦)는 알맞으면서도 드러내지 않음이다.

"履以和行, 謙以制禮, 復以自知, 恒以一德, 損以遠害, 益以興利, 困以寡怨, 井以辨義, 巽以行權."

이는 구덕괘의 제3진(방법)을 말한다. 즉 이괘(履卦)로 예에 맞게 행하고, 겸괘(謙卦)로 예를 따르고, 복괘(復卦)로 스스로 알게 하고, 항괘(恒卦)로 한결같게 하고, 손괘(損卦)로 해를 멀리 하고, 익괘(益卦)로 이익(진리의 자각)을 크게 일으키고, 곤괘(困卦)로 원망을 적게 하고, 정괘(井卦)로 사리를 판단하고, 손괘(巽卦)로 공평(권도)을 행사함이다.

결론적으로 주역 구덕괘의 삼진을 정리하면 〈표 5〉와 같다.

① 리(履)는 덕의 터로 예를 굳건히 밟아 화열(和悅)한 마음으로 행한다(德之基, 和而至, 和行).

② 겸(謙)은 덕의 자루로 남을 높이고 자신을 가벼이 낮춤으로써 예를 따른다(德之柄, 尊以光, 制禮).

③ 복(復)은 덕의 근본으로 은미(隱微)하지만 본래의

구덕삼진괘	제1진	제2진	제3진
天澤履	德之基	和而至	履以和行
地山謙	德之柄	尊而光	謙以制禮
地雷復	德之本	小而辨於物	復以自知
雷風恒	德之固	雜而不厭	恒以一德
山澤損	德之修	先難而後易	損以遠害
風雷益	德之裕	長裕而不設	益以興利
澤水困	德之辨	窮而通	困以寡怨
水風井	德之地	居其所而遷	井以辯義
重風巽	德之制	稱而隱	巽以行權

<표 5>

밝음을 회복하여 사물을 분별하고 스스로 안다(德之本, 小而辨於物, 自知).

④ 항(恒)은 덕의 견고함으로 소인과 섞여 있지만 싫어하지 않고 천지일월처럼 한결같다(德之固, 雜而不厭, 一德).

⑤ 손(損)은 덕의 닦음으로 소인의 과욕과 허물을 덜어냄으로써 처음엔 어려워도 나중에는 쉬워져 해로움을 멀리한다(德之修, 先難而後易, 遠害).

⑥ 익(益)은 덕의 넉넉함으로 오래 베풀되 자신을 내려놓은 자에게만 진리를 자각하는 이로움을 준다(德之

裕, 長裕而不設, 興利).

⑦ 곤(困)은 덕의 분별로 곤궁한 원인이 소인지도에 있음을 깨달아 원망을 적게 하고 난관을 뚫는다(德之辨, 窮而通, 寡怨).

⑧ 정(井)은 덕의 땅으로 하늘의 은택(진리의 말씀)을 두루 옮겨주어 사리를 판단하게 한다(德之地, 居其所而遷, 辨義).

⑨ 손(巽)은 덕의 마름질로 문물제도(법규와 제도)를 만들되 공평한 저울추처럼 은밀하게 권도를 행한다(德之制, 稱而隱, 行權).

주역을 통하여 과거 우환의식에서 희망의 메시지인 항심(恒心)이 나왔음을 알게 되었다.

현대인의 우환인 성인병과 만성질환을 극복하는 항신(恒身)도 중정이 주창한 사회약료를 통하여 나타나는 희망의 메시지다.

21세기 눈부시게 발전하는 생명과학의 현장에서 항신을, 당사슬이 갖는 아홉 가지의 기능을 중심으로 고찰하는 것도 진리의 말씀을 두루 나누는 일이며 사리 판단에 도움이 될 것이다.

무지(無知)가 병을 키운다. 소인의 몸을 군자의 몸으로 바꾸는 것이 항신이자 곧 사회약료의 핵심이므로 주역은 훌륭한 교재다.

생로병사의 길목에서 주역과 사회약료가 하나가 된다(反轉終始).

끝으로 중정이 바라본 주역의 세계를 괘(卦)로 정리하면 다음과 같다.

첫째, 주역은 64괘다. 하도낙서의 선·후천 8괘를 중첩함으로써 64괘가 완성된다.

둘째, 64괘에서 천지일월의 고정변수 4괘를 제거하면 일상에 적용되는 60괘를 얻는데 이는 60갑자의 근원이 된다.

참고로, 60갑자는 10개의 천간(天干)과 12개의 지지(地支)로 이루어진다. 10간(천간)은 갑(甲), 을(乙), 병(丙), 정(丁), 무(戊), 기(己), 경(庚), 신(辛), 임(壬), 계(癸)이며 하늘의 시간을 나타내고 12지(지지)는 땅을 지키는 12마리의 동물을 뜻한다.

자(子·쥐), 축(丑·소), 인(寅·호랑이)·묘(卯·토끼), 진(辰

·용), 사(巳·뱀), 오(午·말), 미(未·양), 신(申·원숭이), 유
(酉·닭), 술(戌·개), 해(亥·돼지) 순서로 온다.

한편 간지는 10개의 천간과 12개의 지지가 순서대로
맞물려서 '갑자', '을축', '병인', '정묘' 등과 같이 읽는다.

처음으로 되돌아오기까지가 60년이 걸리므로 태어
난 지 60년이 지나서 맞는 61세의 생일을 '회갑(환갑)'이
라고 부르며 자신이 태어난 해의 갑자를 다시 맞이하게
되는 것이다.

셋째, 64괘 중에서도 특히 핵심(Prime)이 되는 괘
가 12벽괘다. 이는 일 년 열두 달, 24절기와 맞물려 돌
아간다.

넷째, 사람이 잘 나갈 때는 아무런 문제가 없다. 중요한
것은 환난을 극복하는 지혜인데 9덕괘가 바로 그것이다.

마지막으로, 주역 최고의 괘는 단 하나로, 지산겸괘
다. 즉 항겸이 최고의 미덕인 셈이다.

결국 주역은 64 → 60 → 12 → 9 → 1 괘로 일목요연
하게 우주 삼라만상의 조화와 질서부터 인간에게로 수
렴되는 천인합일(天人合一)적 항심(恒心)의 책이다.

에필로그

누구나 행복을 꿈꾼다. 유수인생(流水人生)인 개인의 삶에서 크든 작든 행복이 핵심이고 진정한 실세다.

단언컨대 인생은 '행복지향적 각자도생'이다. 고로 삶이 그대를 속일지라도 사랑하는 수밖에 없다.

무엇보다도 주역에 빠져 공부하면서 세상을 바라보니 행복했다. 나아가 중정이 나름대로 주창한 '홍익인간'의 대항마는 '인아사건', 즉 '인류를 아름답게 사회를 건강하게'였고, 그 결과 얻은 결론이 이 책의 머리말에서 밝힌 중정지도(中正之道)다.

오늘날 자본주의 사회에서는 물질이 핵심이고 정신

(마음)은 여백처럼 보인다. 그럼에도 대공황 같은 자본주의의 위기를 제외하면 마음이 물질을 이끈다는 점에는 의문의 여지가 없다.

예컨대 존 스타인벡은 대공황 시절, 물질이 정신을 지배하는 비참한 현실을 고발하는 사회상을 『분노의 포도』(1940)로 잘 보여주었다.

한편 현대사회에 만연하는 물질만능주의도 똑같은 문제를 초래하기에 스스로 물질에 지배당하지 않도록 정신을 차리고 마음을 가다듬어야 한다.

한마디로 물질은 없어도 문제, 많아도 문제다. 어떻게 살 것인가. 살아 있음은 곧 움직임이다. 움직일 수 있는 동안, 흐르는 강물처럼 삶을 최적화하라.

우주 삼라만상에서 주역은 변화(64괘)를, 중정지도는 최적화(64자)를 추출했다. 그러나 중정지도는 중정의 전유물이 아니다. 우리 모두의 것이다.

즉 중정지도는 보편성(普遍性, Universality)을 담보한다. 왜냐하면 중정지도(中正之道)에서 각자는 '중정' 대신 '개인'을 적용하면 개인지도(個人之道)가 되기 때문이다.

이처럼 중정지도는 원하는 사람에게 개인지도로 손쉽게 변환된다. 중정이 현대를 살아가는 개인들에게 정신줄을 놓지 않도록 64자를 선물한 셈이다.

돈이 돈을 낳고 도(道)가 도(道)를 낳는다. 얼마 전에 주윤발은 일생 번 돈인 8000억원을 사회환원하면서 이렇게 말했다.

"내가 가진 돈은 내 것이 아니다. 다만 내가 잠시 보관하고 있을 뿐, 내게 잠시 쥐어진 돈을 세상에 돌려주려 한다."

이제 중정도 중정지도를 개인지도(個人之道)로 사회환원하면서 이렇게 말하고자 한다.

"관찰하고 성찰하고 통찰하니 유쾌·상쾌·통쾌하도다."

이것이 바로 '삼찰삼쾌'가 아니겠는가. 아무리 노벨상 수상자라 해도 도(道)가 정립되어 있지 않으면 삶이 비극적이고 불행해질 수밖에 없음을 최근에 본 영화 『헤밍웨이 인 하바나』(2018)가 잘 말해준다.

헤밍웨이는 20세기 초 로스트 제너레이션의 허무주의와 환멸, 상처받은 영혼을 묘사함으로써 일체의 수식을 배제한 간결하고 건조한 문체로 사실만을 서술하는 독특한 글쓰기 방식을 바탕으로, 1954년 노벨 문학상 위원회로부터 독보적인 내러티브 기술과 현대 문학의 스타일에 큰 영향을 미친 공로를 인정받아 노벨 문학상을 수상했다.

특히 『노인과 바다』, 『무기여 잘 있거라』, 『누구를 위하여 종을 울리나』 등은 우리나라에서도 매우 인기 있는 작품들이다.

"But man is not made for defeat,"

he said.

"A man can be destroyed but not defeated."

"하지만 인간은 패배하기 위해 태어나지 않았어."

그가 말했다.

"인간은 파괴될지언정 패배할 수는 없어."

예컨대 이 문장은 『노인과 바다』 중에서 회자되는 부분으로 헤밍웨이가 외형보다 내면을 강조한 마초 맨임을 단적으로 보여준다.

그 마초 맨 헤밍웨이가 가장 싫어한 말이 '노 웨이(No Way)'였다.

이처럼 개인지도는 중요하다. 길이 없다는 것은 희망이 없기에 절망한다는 뜻이다.

아버지의 자살, 쿠바혁명, FBI와의 갈등 등의 영향으로 우울증에 빠진 헤밍웨이는 결국 엽총으로 자살함으로써 네 번째 부인과 사별했다.

한마디로 인생이란 제 뜻대로만 되는 법이 없기에 우리는 행복해지려고 나름대로 최적화하며 '흐르는 강물처럼' 살고자 한다.

이제 주역과 중정을 통해 세상에 선보이게 된 개인지도는 우리 모두의 노래가 되었다.

개인지도(個人之道)

중정 한병현(中正 韓炳顯)

坐景千里 立景萬里 文中有畵 畵中有心

앉아서 천리를 보고 서서 만리를 보니

글 속에 그림 있고 그림 속에 마음 있네.

天紙海墨 一筆揮之 人生禮讚 喜悅無量

하늘을 두루마리 삼고 바다를 먹물 삼아

한 붓으로 단숨에 내려써

삶을 노래하니 기쁨이 그지없네.

疾風怒濤 悠悠自適 人生必然 凡事感謝

강한 바람 성난 파도 흐르는 강물처럼

삶이 꼭 그러하니 모든 일에 감사하네.

恒心恒身 個人之道 若無個人 是無世上

몸과 마음이 늘 푸르러 개인의 도를 이루니

개인 없이는 세상 또한 없네.

이렇게 노래하고 나니, 개인적으로 한 사람 한 사람이 얼마나 중요한지 새삼 깨닫게 되고 만나는 사람마다 마음속으로 "당신(You)은 VIP"라고 불러주고 싶다(UVIP/유빕).

주역에서 발원된 인아사건이 뜬구름 잡는 얘기임에도 그로부터 개인지도(64자)가 완성됨으로써 보다 구체화된 문장으로 자리매김했다. 이를 한마디로 줄여서 유법(UVIP), 즉 '당신이 최고'라는 말로 압축되었다.

우리 모두가 인간관계에서 당신이 최고라면서 엄지를 척하고 들어 올릴 때 아름답고 건강한 세상이 도래할 것으로 믿는다.

압구정에서 수신제가(修身齊家) 이후에 사회봉사(社會奉仕)를 시작한다는 마음가짐도 돌이켜보니 인아사건이 출발점이었다.

즉 인아사건(총론)부터 유법(각론)에 이르기까지 흐르는 강물처럼 관점이 일관성 있게 최적화된 느낌이다.

공자의 표현을 따르면 '일이관지(一以貫之)로 자강불식(自强不息)하는 길'인 것이다. 이처럼 흐르는 강물처럼 살다보니 지식의 강을 지나 지혜의 바다로 나왔다.

바다는 강과는 비교할 수 없이 드넓고 깊어서 현(玄)하다. 지식의 강가에서 뛰놀던 때에는 언제나 1+1=2였다.

그러나 지혜의 바다에서는 더 이상 그 공식과 계산이 통하지 않는다. 나이가 들면서 새로운 사람을 사귀기는 어려우나 하늘과 사귀기는 쉽다.

고로 이제는 말할 수 있다. 신약(물질)만 개발되는 게 아니다. 마음(정신)도 발전되고 최적화된다.

총론이 있어야 각론이 있다. 주역을 기반으로 한 총론과 각론의 이론은 끝났고 실천만 남았다.

중정에게 압구정은 '모방에서 혁신으로'의 전환을 실천하는 자기실험의 장(場)이다. 진리가 우리를 자유롭게 함으로써 날마다 새롭게 된다면 그것이 일신우일신(日新又日新)의 삶이 아니겠는가.

진리는 단순하고 쉽다. 학문은 보편적인 진리를 추구하기에 틈새(Missing Link)를 연결함으로써 세계를 보다 촘촘한 그물망으로 짜내는 지식 네트워킹의 향연이다. 새로운 이론과 실험(혹은 새로운 정책과 투자 등)으로 접근하는 뉴 프런티어에게는 언제나 관능처럼 호기심과 설렘이 있다.

'스마트 세포론'도 그렇게 등장했다. 인간이 인격체라면 그 몸을 구성하는 세포가 말은 없어도 인격성이 있다는 생각쯤은 누구에게나 당위(當爲)로 다가올 듯하다. 하지만 정상세포(Normal Cell)에 인격성을 부여함으로써 스마트 세포(Smart Cell)를 만든 사람을 아직 발견하지 못했다.

왜냐하면 '인격성 부여'란 30억년 이상 진행되어온 진화과정 전체, 즉 '변화(Change)'를 한 순간에 압축시켜 주조한 어휘이고 보면 이는 만물이론이자 건곤지도인 『주역』을 공부한 사람들에게나 가능한 일이기 때문이다.

따라서 지금 여기서 펼쳐지는 스마트 세포론은 21세기의 생명과학을 이끌어나가는 새로운 화두가 될 수 있고, '드론 조망'에 의한 자유로운 안목의 전환과 중첩을 통해 그 핵심 줄거리는 항신지도(The Way of Dynamicity)의 범위를 벗어나지 않을 것으로 보인다.

한편 진화심리학 분야에서 소개된 '조망-피신 이론'〔Prospect-Refuge Theory(Jay Appleton, 1975)〕에 의하면, 먼저 보고 도망칠 수 있어야 살 수 있다. 즉 생존원칙이 인간의 모든 미학적 경험에 깔려 있어서 일단 먼저 보고 도망쳐야 살고 사냥할 때도 먼저 봐야 한다.

인간은 '조망-피신'의 원시적 본능 때문에 산 위의 정상이나 한없이 펼쳐진 바닷가에서 행복해진다는 것이다. 오늘날 아파트의 조망권이 가격 차이를 가져옴은 물론 최고의 권력기관 앞에 드넓은 광장이 있는 것도 권력자의 조망권 확보를 위함으로 보인다.

특히 4차 산업혁명의 대표적 산물인 드론은 개인별로 맞춤형 시각을 제공한다. 주역(항심)과 사회약료(항신)의 결합으로 얻은 '드론 조망'은 '조망-피신 이론' 덕분에 근거 있는 행복을 자유롭게 누리도록 해주었다. 스마트 세포론을 통해 희열무량(喜悅無量)을 맛보는 기회를 다시 갖게 된 셈이다.

이제 우물 안 개구리식의 안목을 극복한 스마트 세포론은 당사슬(8당 중심)이 세포간 신호전달에 의한 생물학적 네트워킹의 제어를 주도함으로써 항신(Homeostasis)을 이루고 그 제어에 이상이 생김으로써 균형이 무너져 발병한다는 점에 초점을 맞추고 있다.

신호전달에서 '당화(Glycosylation)'가 필수조건이므로 이를 자세히 살펴볼 필요가 있다. 먼저 세포표면의 당사슬 수용체는 그 수용체를 구성하는 8당의 구성과 배열 순서에 따라 인지와 부착 등의 역할이 달라진다.

만약 8당의 공급이 부족하거나 효소의 작용이 잘못된 경우, 세포표면의 솜털(Glycoform, 복합당질)이 제대로 형성되지 못하고 부족해져 인식하고 반응하는 데 결함이 생겨 면역저하나 대사 장애 등의 만성·난치성 질병, 노화 형태로 진행한다.

또한 당단백질이 만들어질 때 당화가 제대로 일어나지 않아 당단백질의 구조와 기능이 비정상이 되면 인체의 면역계는 스마트하기에 잘못된 당단백질을 적(敵)으로 인지해 공격함으로써 자가면역질환의 발병이라는 악순환이 반복된다.

당단백질은 인체의 세 곳에 주로 머무른다. 첫째, 혈액이나 체액 같은 세포외 장소이다. 소포체를 거쳐 골기체에서 당화되어 세포외로 분비되는 수용성 당단백질은 호르몬이나 항체 등이 많으며 체내를 주유하면서 수용체와 반응하여 신호전달을 하거나 면역작용에 관여한다.

둘째, 세포막을 구성하는 당단백질과 세포표면의 점액성 당단백질(Mucin)로 뮤신은 당분(Carbohydrates)의 함량이 50%가 넘는 당사슬을 가진다. 인체의 경우 약 20여종이 발견되었고 코, 폐, 장, 관절 등에 다양하게 분포되어 있다.

셋째, 당단백질은 세포내 소기관인 리소좀에 존재하며 쓸모없는 단백질을 청소하는 역할을 한다. 이처럼 기존의 당(Sugar)에 대한 생명과학의 초점이 포도당의 해당작용(Glycolysis)과 미토콘드리아에 국한되어 있었다. 21세기에 들어 세포 차원에서 유전자에 따른 단백질의 생성이후 소포체, 골기체에서 일어나는 당화로 이동하면서 당이 결합된 당단백질의 구조와 기능이 결국 당화에 의해 결정되므로 생명코드를 푸는 중요한 역할은 모두 8당의 미시구덕에 집중되고 있는 것이다.

이는 또한 생명과학의 당분석에서 패러다임의 전환이 이루어진 것이다. 결국 해당에서 당화로의 전환이기에 '해당화'로 표현하면 오늘날 인체에서는 해당화가 지천으로 눈부시다.

'드론 조망'으로 해당화가 만발한 신세계가 펼쳐졌다. 주역은 헌법, 당사슬은 컨트롤 타워다. 게다가 '인격성 부여'는 '변화'만큼 '센 언니'이므로 스마트 세포론은 (망원경 대신 현미경이 필요한) 21세기의 신학문적 리더로 손색이 없으리라.

VERITAS LUX MEA!